책으로 노는 집

김청연 · 최화진 지음

책으로 노는 집

책으로 대화하고 소통하는
독서 가족 탐방기

푸른
지식

책으로 행복한 가정을 찾다

나는 〈한겨레〉 신문의 월요일 자 교육 섹션 〈함께하는 교육〉에 교육 분야의 기사를 쓰는 일을 한다. 이런 일을 하다 보니 학생, 학부모, 교사는 일상적으로 만난다. 지난 2007년도부터 이 일을 해오면서 참 많은 학생과 학부모, 교사를 만나왔다. 남들은 "졸업한 뒤로는 한 번도 들어가 본 적이 없다."라고 하는 학교 교실도 자주 드나들었다.

교실에 자주 들어가다 보니 선생님만큼은 아니지만 사연이 있는 친구들을 알아내는 능력도 생겼다. 많게는 서른다섯 명이 앉아 있는 교실. 집안 분위기가 안 좋은 녀석들은 얼굴빛이 참 어둡다. 특유의 말투도 있다. 말 한마디만 해도 비꼬아 듣기 일쑤다. 붙잡고 속내를 들어보면 아버지에 대한 불만을 털어놓는 일이 많다. 이런 아이들을 자주 만나면서 지난해 '좋은 아버지가 되기 위한 교육'을 주제로 기사를 써보고 싶다는 마음이 생겼다. 막연히 '좋은 아버지가 되기 위한 교육'을 말하는 것이 아니라 아버지의 교육을 돕는 매개체가 있으면 좋겠다 싶었다. 뒤이어 그 매개체가 '책'이면 좋겠다는 생각이 떠올랐다.

"그래! 책으로 공부하고, 책으로 아이들과 소통하는 아버지를 찾아보자!"

이런 생각으로 아버지 모임을 찾아다녔다.

취재는 생각만큼 쉽지 않았다. 몇 년 전 한 지역에서 책을 읽어주는 아빠 모임 등이 활성화된 적은 있었지만, 지금은 활동이 활발하지 않다는 이야기가 들려왔다. 한 취재원은 "아빠들도 자신의 성공을 준비해야 하기 때문에 아이들과 같이 뭔가를 하기보다는 혼자 자신을 계발하는 데 집중하는 분위기다."라고 이야기해줬다. "성공해서 사회적으로 자리를 잘 잡고 돈도 많이 벌어 와야 아빠로서 기도 살고, 아이들도 행복하지 않겠느냐?"라는 질문도 덧붙였다.

'명색이 교육 분야 기자로 뛰어다니며 현장을 잘 안다고 생각했는데, 내가 찾는 사례는 그야말로 먼 나라 이야기인 걸까?'

맥이 빠졌다. 돌아가신 아버지가 내 눈에 제일 멋지고 좋아 보였을 때는 "청연아, 아빠랑 새벽 수산 시장 구경하러 가자!"라고 나를 꼬드길 때였다. 내가 만난 아이들은 어린 시절의 나처럼 아버지와 뭔가를 함께하고 싶어했다. 함께 축구장이나 야구장에 가고 싶어했고, 같이 수학 문제를 풀고 싶어했다. 그런데 혼자 자기계발 잘하는 아버지가 좋다니……. 돈만 잘 벌어오면 좋은 아버지라니……. 과연 그럴까? 그래야 행복할까?

그러던 중 대전에 있는 계룡문고를 중심으로 '책 읽어주는 아빠 모임'이 꾸려진다는 소식을 접했다. 지난해 삼월 모임에 참여하는 아버지들을 만났던 날을 지금도 기억한다. 점심시간에 자영업을 하는 아버지부터 직장에 다니는 아버지까지 다양한 직업을 가진 아버지들이 계룡문고 북카페에 모였다.

"이 그림책은 어떻던데……."

"이 그림책을 읽어줬더니 아이가 이런 소리를 하더라고요."

"그 집 아이들은 잘 있어요?"

아빠들은 그림책을 놓고 아이들과 이야기를 나눈 사연을 공유하면서 커뮤니티를 형성해가고 있었다. 잘 모르는 사람들은 "한가로운 소리들 하시네."라고 비꼴 수도 있겠지만, 모두 현업에서 바쁘게 뛰는 아버지들이었다.

이 아버지들이 바쁜 시간을 쪼개 그림책을 읽는 모임에 참여하는 데는 이유가 있었다. 자격증을 따기 위해, 자기 공부를 더 해보고 싶어서 책을 펼치는 게 아니었다. 아내와 아이들, 즉 '가정'을 위해서였다. 아버지들은 책을 매개로 아내, 그리고 아이들과 대화를 많이 나누고 여러 가지 추억을 쌓으면 삶이 더 행복해질 것으로 생각했다. 아버지들이 보는 그림책은 짧지만 삶의 진실과 의미를 담고 있었다. 글보다는 그림 위주여서 다양한 해석을 남길 여지도 많았다. 아버지들은 그런 그림책을 펼쳐놓고 가족과 대화를 나눠보고 싶어했다. 아버지의 그런 노력 덕에 가족은 행복해했다. 이런 아버지가 있는 가정에는 큰 싸움이 없었다. 가정마다 이야기가 풍성했고, 서로에 대한 믿음도 두터웠다. 그야말로 '사람 사는 집' 같았다.

그분들을 만나고 돌아오면서 연방 미소를 머금었던 기억이 아직도 생생하다. 내가 꿈꾸고 바라왔던 가정의 모습을 꾸리고 사는 분들을 발견했다는 사실에 기뻤다. 신이 났다. 그분들을 만난 뒤로 이렇게 책을 매개로 가족과 다양한 활동을 하는 가정의 사례를 더 많은 사람에게 알리고 싶었다. 그동안 '독서'를 강조하는 책은 많았지만 '가정의 독서 문화'를 말하는 책이 없었다는 사실이 책을 쓰고 싶은 욕심을 더해줬다.

나는 내가 쓴 기사에 들어가는 사례를 놓고 이런 자문을 많이 한다.

'누가 이 사례의 주인공을 왜 선정했느냐고 물으면 뭐라고 답하지? 상이라도 탔느냐고 묻는다면?'

귀한 지면에 누군가를 소개할 때는 그만큼 분명한 이유가 있어야 한다는 강박관념이 있었다. 가정 독서 사례를 찾을 때도 마찬가지였다.

'어떤 가정 사례가 좋은 사례지? 도서관에서 상이라도 받아야 하나?'

하지만 이 고민은 금세 풀렸다. 내가 찾는 사례는 결코 흔한 사례가 아니었기 때문이다. 많은 가정의 가족이 대화 자체를 안 하고 지내거나 '문화'라고 표현하기 힘들 정도로 '억지 독서'를 서로에게 강요했다. 이런 대다수 가정 속에서 가정에서 자연스럽게 독서 문화를 형성한 가족들은 일종의 '별종'이었다. '의외로 흔치 않다'는 점이 이들을 취재하는 이유였다. 책에 소개한 가정들처럼 가정 안에서 자연스럽게 책 읽는 문화를 형성한 가정을 섭외하는 것은 생각만큼 쉬운 일이 아니었다. 특별한 이유나 목적 없이, 뚜렷한 효과를 바라지 않고 책을 펼치는 가정이 희소가치가 있는 세상이었다.

《책으로 노는 집》에는 책을 좋아하는 아홉 가정의 이야기가 담겨 있다. 이 가족들이 내리는 책에 대한 정의는 다 다르다. 단 책을 목적이 아닌 도구, 매개체로 삼는다는 점에서 이들의 공통점을 찾을 수 있다. 이들한테는 책보다 중요한 게 있다. 다름 아닌 '가족', 그리고 그들로 이뤄진 '가정'이다. 그래서 이 책은 독서를 강요하지 않는다. 오히려 독서를 쫓다가 가족을, 가정을 힘들게 하거나 잊지 말라고 강조한다. 독자분들께서 '책'이 아닌 '책 읽는 가정'에 방점을 찍고 《책으로 노는 집》을 읽어주셨으면 좋겠다.

아홉 가정과 북멘토 인터뷰는 대부분 휴일에 이뤄졌다. 쉬는 날 처음 보는 사람을 집에 들여 내밀한 사연을 풀어내는 게 쉬운 일은 아니다. 그런 점에서 거리낌 없이 대문을 활짝 열어주시고, 가감 없이 이야기를 들려주신 가족분들과 인터뷰를 허락해주신 선생님들께 진심으로 감사의 말씀을 전한다.

2012년 늦가을

김 청 연

차 례

책으로 노는 집

우리집 독서 문화 만들기,
무엇이 좋을까?

3

우리 시대 북멘토,
독서를 논하다

독서하는 가족을 만나다

"누구랑 통화한다고? 지랄하고 있다. 어디 기자? 저리 들어가! 입
닥치지 못하냐?"

흔히 기자는 기가 세다고 생각들을 하는데, 우리는 기가 너무
약한 걸까? 취재하러 다니면서 이런 고민을 하게 한 사람이 있었
다. 엄마. 그냥 엄마가 아니라 '목동 엄마'였다. '엄마의 폭력'을 주
제로 취재하면서 폭력에 시달리는 아이를 찾아냈다. 아이는 하고
싶은 말이 많다고 했다. 학원 **뺑뺑이**를 돌고 밤늦게 들어온 아이와
통화를 시도하다가 우연히 엄마 목소리를 듣게 됐다. 밤늦게 기자
와 통화하려는 아이를 발견한 엄마는 휴대폰이 통화 중 상태인 줄
도 모르고 아이한테 물건을 던지며 소리를 질렀다. 수화기 너머로

들려왔던 그 목소리는 끔찍했다. 몸이 부르르 떨렸다. 몇 분 뒤 그 엄마에게서 직접 전화가 걸려왔다.

"기자님이라고 하셨죠? 그래요. 기자라면 이 사회 지성인이지 않습니까. 그러니까 더 잘 아시겠네요. 요즘 아이들이 제대로 잘 살려면 뭐부터 해야 하나요? 공부죠. 지금 뼈가 빠지게 공부해서 대학 가야 합니다. 그냥 대학 간다고 다 되는 게 아닙니다. '스카이' 나 '아이비리그' 안 가면 인생 망쳐요. 기자님이 우리 아이 인생 책임 져주실 건 아니잖습니까? 지금 우리 아들이 중3인 거 아시죠? 제일 중요한 시기입니다. 요샌 중3이 고3보다 더 중요해요. 아이 아빠도 공부에 방해될까 봐 밤에 조용히 들어왔다가 새벽에 조용히 나갑니다. 주말 시간도 한 시간, 아니 삼십 분이 아깝습니다. 그런 시기인데 무슨 취재로 통화하시겠다는 건가요? 취재에 도움을 못 드려서 정말 죄송한 말씀 드립니다. 제발 전화 끊어주세요."

전화를 건 엄마의 목소리는 수화기 너머로 우연히 들었던 그 목소리가 아니었다. 엄마는 논리정연하고 정중했다. 차분했다. 그 이중성에 소름이 끼쳤다. 이 엄마가 아이와 단둘이 있는 장면을 상상했다. 끔찍했다.

이 '목동 엄마'와 통화로 만난 뒤 다양한 사람들에게 요즘 '엄마상', '아빠상'에 대한 이야기를 들었다. 흥미로운 사실은 많은 사람이 "그런 부모들 무지 많다."라는 꽤 담담한 반응을 보였다는 거다. '우리가 너무 착한 부모들만 만나 왔나?'라는 생각도 들었다. 그 후 실제 다양한 엄마들을 직접 만나면서 의외로 많은 엄마가 이 '목동 엄마'가 말한 삶이나 가정의 모습을 역할 모델로 삼는다는 사실에 경악을 금치 못했다. 이 시기에 제대로 아이를 잡아야 좋은 대학에 진학하고, 사회 진출도 잘하기 때문에 독해야 할 땐 이 엄마처럼 독해져야 한다는 논리였다.

많은 엄마가 스스로 가정 안에서 세 가지를 잘하고 잘 알아야 엄마로서 제대로 역할을 했다고 생각한다. 첫째, 남편한테 얼마나 돈을 많이 벌어오도록 내조를(닦달을) 했느냐, 둘째, 아이 학원 정보와 입시 정보를 얼마나 면밀히 알고 있느냐, 셋째, 아이 성적을 얼마나 잘 올렸느냐가 엄마의 능력을 평가하는 지표였다.

이런 생각을 하고 사는 가정의 부모들은 대개 4년제 대학 졸업 이상의 학력을 자랑했다. 대학원에서 박사 학위까지 받은 부모도 많았다. 그야말로 공부할 만큼 한 사람들이었다. 그리고 이른바 한때 학생 운동에 열성적으로 참여도 해본 '386세대'인 경우가 많았다. 아빠는 웬만한 대기업에 다니거나 전문직에 종사한다. 그러므로 먹고살기 어려운 환경은 아니었다. 엄마는 전업주부인 경우가 많았다. 한때 이런 꿈, 저런 꿈을 키워본 적이 있었지만 이제는 아이들을 명문대에 보내 사회가 말하는 성공 가도를 달리게 하는 게 엄마의 가장 큰 꿈이다.

이런 가정의 특징은 가족 구성원 모두가 말이 없다는 점이다. 엄밀히 말해 말이 없는 게 아니다. 가족은 말을 아낀다. 이들 사이에서는 특별히 많은 대화가 오가지 않는다. 엄마가 바라는 위의 세 가지 항목이 얼마나 제대로, 체계적으로 이뤄지고 있는지를 체크하는 수준의 대화가 오간다.

부모 잘못만은 아니라고 생각한다. 이런 가정이 늘어나는 데는 사회가 한몫을 단단히 했다. 사회가 '무한경쟁'을 구호처럼 외치고 있다.

"남을 밟고 일어서야 내가 살아남는다!"

이 회오리바람 속에서 부모는 쉽게 빠져나오기 힘들다. 척박한 세상에 우리 아이를 내보냈을 때 이 아이가 제대로 사회생활을 하려면 지금 남들이 말하는 그 경쟁에서 살아남는 강한 아이로 키워야 할 것 같다.

"남을 밟고 일어서야만 성공할 수 있고, 그렇게 성공하지 못하면 네 인생은 실패한 거야."

세상은 이렇게 조언한다. 이런 조언을 귀에 못이 박이도록 들으니 많은 사람이 성적과 성공을 최고의 목표와 가치로 삼는 것은 어찌 보면 참 당연한 이치다.

독서도 마찬가지다. 안타깝게도 요즘 아이들은 읽고 싶은 책 한 권도 마음껏 읽지 못한다. 부모는 아이의 의사와는 상관없이 권장 도서 목록 중에서도 학습에 치우친 책만을 뽑아서 공동구매하거나 도서관 투어를 하며 책을 빌린다. 이런 '억지 독서'가 아이에게 진정한 '마음의 양식'이 될 수 있을까?

이렇게 독서마저 경쟁인 시대가 되다 보니, 목표지향적인 독서가 판을 친다. 독서 교육, 독서 공부, 전략적 독서, 맞춤식 독서라는 말들이 유행한다. 아이들한테는 책 읽기가 그저 또 하나의 공부이자 짐이 돼버렸다.

이런 환경에서 휘둘리지 않고 줏대를 세우기란 참 어려운 일이다. 거대한 회오리바람 속에 휘말려 들지 않고 바깥에서 그 회오리바람을 바라보려면, 뭔가를 잡고 일어설 수 있는 줏대와 용기, 힘이 필요하다. 그 힘을 얻으려면 부모나 아이한테 자기 철학이 있어야 한다. 그러려면 책을 통해 제대로 된 공부를 해야 한다. 책만 있어서는 안 된다. 몸으로 세상을 접해볼 기회도 만나야 한다. 철학이라는 힘은 단시간에 쉽게 얻을 수 있는 게 아니다.

거창하게 철학을 말하려는 가족들을 만나려고 한 건 아니다. 막연히 '책으로 삶을 일굴 줄 알고, 책으로 즐거운 가족을 찾을 수는 없을까?'라는 생각을 해보게 됐다. 그런 점에서 이 책에서 소개하는 가족들은 참 '이상한 가족'이라고 해도 좋다. 인터뷰를 위해 성미산 가족들을 찾았을 때 부모들은 아이들이 게임하는 문제를 놓고 대책 회의를 열었다. 대전에 사는 황수대 씨 가족은 딸이 초경을 했을 무렵, 초경과 관련한 책을 함께 읽으며 이야기를 나눴다고 했다. 이원재 씨 가족은 각자 하고 싶은 걸 하되 같은 공간, 같은 시간에 모여서 하는 '가족 살롱'을 만들었다.

"그렇게 끈끈해질 시간에 애 학습지 한 줄 더 읽게 하지."

"요새 학원비가 얼마나 비싼데 그 시간에 야근해서 수당을 더 벌어오겠다."

"책 그거 읽힐 시간이 어디 있어? 인터넷 검색하면 책 줄거리 요약한 것도 많이 나오는데 뭐."

어떻게 보면 대세와는 거리가 먼 가족을 만나고 싶었던 이유는 이런 가정의 책 읽는 문화가 폭력적인 지금의 경쟁식 교육 문화에 대항하는 어떤 의미를 남겨줄 수 있을 거라는 믿음이 있었기 때문이었다. 가정 내 자연스러운 독서 문화가 있는 '그런 가정'을 찾아가 그 문화가 부모와 아이의 삶에 어떤 구실을 하는지, 아이들에게 세상을 이해하고 인간을 이해하는 데 어떤 단초를 제공하는지 등을 살펴보고 싶었다. 그걸 통해 경쟁의 회오리바람 속에 빠져 있는 가정들이 그 회오리바람 속에서 빠져나올 용기를 가져봤으면 하는 바람이 컸다.

'그 가정'을 찾아 헤맨 일 년의 여정

'그런 가정'을 찾는 여정은 지난해 11월부터 시작됐다. 어느 시대에나 대다수 사람과 다른 생각을 하며 살아가는 사람들은 있다. 하지만 모두가 '목표가 분명한 책 읽기'를 말하는 때 자생적으로 자유롭게 책 문화를 일궈가는 가정을 찾는 건 쉬운 일이 아니었다.

일단 주변의 모든 인맥을 총동원해서 책을 많이 읽는 집을 섭외했다. 반드시 단서를 달았다. 무조건 책이 많기만 하거나 교육을 목적으로 학습하듯 책을 많이 읽는 집은 제외한다고 했다. 뚜렷한 목적의식을 갖고 계획을 세워서 독서하는 게 나쁘다는 말은 아니다. 다만 우리의 기획 의도와는 맞지 않았다.

우리가 찾는 가정의 특징은 다음과 같다.

첫째, 책 자체를 좋아하고, 독서를 꾸준히 즐기는 가정
둘째, 가족 구성원 모두가 책을 읽을 필요는 없지만, 그들만의 독서 문화가 형성된 가정
셋째, 독서 이외의 다른 목적이나 불순한(?) 의도가 없는 가정

이런 가정을 염두에 두고 주변을 수소문하기 시작했다. 지인에게 소개받거나 알음알음 소문을 듣고 연락하거나 인터넷 커뮤니

티를 찾아 헤맸다. 인터뷰하러 갔다가 그 가정을 통해 또 다른 가정을 소개받기도 했다. 그 결과 아홉 가정을 찾아냈다. 인터뷰를 가기 전 책을 접하게 된 경로, 독서하는 방식, 책으로 형성된 문화, 가족들이 생각하는 책의 의미 등을 토대로 사전 취재를 했다. 사례가 최대한 겹치지 않도록 하기 위해서였다. 그런데도 조금씩 겹치는 부분이 있는 건 어쩔 수 없었다.

이런 가정들은 가족 구성원한테 독서를 강요하지 않았고, 책 읽기 그 자체를 즐긴다는 공통된 특징을 보여줬다. 우리의 애초 기획 자체가 그런 가정을 만나보자는 취지였기 때문에 어떻게 보면 이런 공통점이 보이는 건 당연한 일이었다.

사례를 찾으면서 독서하는 형태나 문화, 집안 사정이 겹치지 않도록 신경을 썼다. 인터뷰를 진행했던 아홉 가정의 면면을 살펴보니, 연령층은 대부분 삼사십 대 부부였다. 자녀의 연령대는 미취학 아동부터 대학생까지 다양했다. 예닐곱 살이지만 유치원에 다니지 않고 엄마와 집에서 생활하는 아이도 있고, 학교에 다닐 나이의 아이들도 홈스쿨링을 하거나 대안 학교에 다니는 경우도 있었다.

부모의 직업 또한 다양했다. 자영업에서 일반 기업체 직원, 연구직, 교육 관련직, 영화감독까지 그야말로 사회 각 분야에서 다양한 일을 하는 분들이었다. 공통점이 있다면 대다수 사회 구성원처럼 '돈 잘 버는 법', '성공하는 법'에만 치열하게 매달리지 않고, 자신의 일에 의미를 부여하면서 앞으로의 인생을 한 단계, 한 단계 밟아 나가는 사람들이라는 점이다.

아홉 가정의 거주 지역은 서울과 수도권이 대부분이고, 대전 지역에 사는 가정이 세 가정이었다. 최대한 지역을 안배해서 균형 있게 다루고 싶었으나, 주변을 통해 섭외한 경우가 많아서 제한적인 부분이 있었다. 그래도 이들의 사는 모습이 다 달랐기 때문에 다채로운 이야기가 나오고 가정마다 그 가정만의 색깔이 두드러질 수 있었다. 다만 앞으로 기회가 된다면 좀 더 다양한 지역에 사는 다양한 나이대의 가정들을 만나 그들의 이야기를 좀 더 들어보고 싶다는 아쉬움이 남는다.

참고로 김수경 씨, 황수대 씨, 조범희 씨, 이동미 씨와 송순덕 씨, 성미산 가족들 취재는 김청연이, 최영민 씨, 이원재 씨, 정혜원 씨, 신순화 씨 가족들 취재는 최화진이 맡았다. 4장의 '우리 시대 북멘토, 독서를 논하다' 취재는 두 사람이 함께 진행했다.

한 가정, 한 가정 만나며 그들만의 독서 문화 얘기를 듣다 보니 몇 가지 공통점을 발견할 수 있었다. 일단 아홉 가정한테는 '독서의 틀'이라는 게 없었다. 누가 책을 읽든지, 어떤 책을 읽든지, 얼마만큼 읽든지 확인하거나 강요하지 않았다. 모두 스스로 원해서 하는 독서를 하고 있었다. 그렇기 때문에 다른 구성원에게도 책을 강요하지 않았다.

또 책의 범위를 정하지 않고 읽고 싶은 책을 마음껏 읽는 문화가 형성돼 있었다. 부모는 어른 책, 아이 책을 특별히 구분하지 않았다.

가장 중요한 것은 아홉 가정의 가족이 하는 독서 활동이 그냥 하나의 활동으로 그치는 것이 아니라 그들 삶에 녹아들어 있다는 점이다. 그런 점에서 독서가 지루하게 느껴져서 책을 읽다가 포기하거나 필요에 의해서만 책을 찾았던 이들이라면, 이 아홉 가정의 이야기를 들어보라고 권하고 싶다. 책이 얼마나 다양한 재미와 무궁무진한 이야깃거리를 주는지 알게 될 것이다. 또 가족과 대화하는 게 어색하고 서툴러서 고민인 사람한테도 길을 제시해줄 수 있을 것이다. 책으로 가정의 문화를 어떻게 바꿀 수 있는지 다른 가정의 노하우도 엿볼 수 있을 것이다. 무엇보다도 많은 사람이 이 책을 읽으며 자신들만의 새로운 가정 독서 문화를 만들어볼 용기를 얻었으면 좋겠다.

'책 읽어주는 아빠'

할아버지의 재력과 아빠의 무관심, 엄마의 정보력이 아이를 성공의 지름길로 인도하는 세 가지 요소라고 말하는 시대다. 하지만 "입 다물고 학원비 벌어다 주는 게 아빠의 구실은 아니다!"라면서 아이들 앞에서 그림책을 펼치는 아빠도 있다. 대전 중앙로에 있는 계룡문고에서는 매주 약 열 명의 아빠들이 모여 그림책을 펼쳐놓고 수다 꽃을 피운다. '책 읽어주는 아빠 모임'(이하 '책아빠')이다.

책아빠는 한 달에 한 번 모여 책을 읽고, 책 그리고 자녀 교육을 주제로 한 이야기를 자유롭게 나누는 모임이다. 2003년께 결성됐지만 중간에 모임을 쉬다가 2007년도부터 다시 시작했다. 세 살부터 고등학생까지 다양한 나이대의 자녀를 둔 아빠들의 모임에서 아빠의 나이와 직업은 모두 다르다. 자영업을 하는 아빠부터 직장에 다니는 아빠까지 참 다양한 아빠들이 모인다. 모두 일주일에 한 번씩 하던 일을 멈추고 잠시 짬을 내 서점에 모인다.

'책'을 매개로 '자녀 교육'에 관심을 기울이는 '아빠'들의 모임이라는 것을 빼고 모임에 특별한 규정은 없다. 함께 모여 읽는 책도 《까까똥꼬》(스테파니 블레이크, 한울림어린이), 《영국의 독서교육》(김은하, 대교출판) 등 어린이 책, 어른 책 할 것 없이 다양하다. 때로는 직접 그림책을 읽어주는 모습을 서로에게 보여주기도 한다. 아빠들은 이 시간을 통해 책 읽는 연습을 해본 뒤 가정으로 돌아가 아이들 앞에서 직접 책을 읽어준다.

모임은 계룡문고 이동선 씨가 먼저 구상했다. 이 씨는 큰딸한테 책을 읽어줬던 경험을 바탕으로 서점에서 다양한 책 읽기 프로그램을 운영하다가 책아빠를 모집하기 시작했다. 지인의 소개로 모임에 참여한 아빠도 있지만, 우연히 서점을 찾았다가 게시판에 붙은 모집 공고를 보고 참여한 아빠도 있다.

아빠들은 '아빠표 책 읽어주기'를 통해 얻은 게 많다고 말한다. 무엇보다도 아빠와 아이들 사이에 애정을 표현하고 교감할 기회가 자연스럽게 마련된다. 아이들한테는 '책 읽는 아빠'라는 역할 모델도 생긴다. 자신한테 책을 읽어주는 아빠를 통해 '나 역시 훗날 내 아이한테 책을 읽어주는 아빠가 돼야겠다.'라는 가정 교육, 부모 교육을 자연스럽게 할 수 있다는 의미다. 아빠들은 아이한테 책을 읽어주면서 잃어버린 가장의 자리도 되찾았다고 말한다.

책아빠 회원들은 '책 읽어주는 법'도 정리해서 사람들한테 알려준다. 첫째, 책은 조금씩 구매하며 도서관을 잘 활용한다, 둘째, 좋은 책을 잘 선별해 읽어준다, 셋째, 아이의 반응에 따라 조절하며 꾸준히 읽어준다, 넷째, 읽으면서 손으로 짚거나 질문을 가급적 하지 않는 등 아이들의 생각이 자라도록 기다려준다, 다섯째, 아이가 고른 책을 먼저 읽어주는 등 아이의 선택권을 존중한다, 여섯째, 과도한 행동을 취하지 않고 자연스럽게 읽어준다 등이다.

책으로 노는 집

많은 가정이 대화 자체를 안 하고 지내거나 '문화'라고 표현하기 힘들 정도로 '억지 독서'를 서로에게 강요한다. 이런 대다수 가정 속에서 자연스럽게 독서 문화를 형성한 가족을 찾기란 쉽지 않다. 책을 좋아하는, 책으로 문화를 형성한 아홉 가족의 이야기를 소개한다.

그림책처럼 사는 집

조범희 씨 가족

대한민국 삼십 대 아빠의 여가는 어떤 모습일까? 늘어지게 낮잠을
잔다? 가족과 함께 야구장을 찾는다? 아내를 도와 청소와 빨래를
한다? 참 다양한 유형의 아빠가 있다. 하지만 아주 일상적으로 여
가에 책, 그것도 '그림책'을 펼치는 아빠는 드물다.

대전시에 사는 조범희(35) 씨는 참 드문 아빠다. 조 씨는 정기
적으로 '책 읽어주는 아빠'라는 이름의 모임에 나간다. 대전시 계룡
문고 주인 이동선 씨가 만든 모임이다. 어느 날 서점을 방문했다가
'회원을 모집합니다'라는 공지를 보고 모임에 나가게 됐다. 유성구
화훼 단지에서 일하는 조 씨는 다른 아빠들처럼 바쁘지만 시간을
쪼개 서점에서 열리는 모임에 꾸준히 참여한다. 누구보다 성실한

멤버다.

모임에서는 다른 아빠들과 함께 그림책을 읽는다. 이 모임에서 조 씨는 '쌍둥이 아빠' 또는 '꽃집 젊은 아빠'로 통한다. 네 살 먹은 쌍둥이 딸 혜원이와 혜윤이 덕분에 붙은 별명이다.

조 씨가 모임에 열심히 참여하는 이유가 꼭 두 딸을 위해서만은 아니다. 두 딸을 위해서 시작한 일이지만 이제는 딸들만이 아니라 자신을 위해서도 의미 있는 활동이 됐다. 이 활동 덕분에 책에 특별한 관심이 없던 조 씨한테는 어느새 그림책을 읽는 취미가 생겼다. 조 씨가 그림책을 읽는 것은 두 딸과 아내 그리고 자신을 위해서다. 조 씨는 "그림책을 보면서 내가 배우는 게 더 많은 것 같다."라고 했다.

여전히 그림책은 '아이들이 읽는 책'이라는 편견이 짙다. 남자보다는 여자와 어울린다는 편견도 여전하다. 삼십 대 아빠 조범희 씨네 가정의 책 읽기 문화를 살펴보고 싶었던 이유는 아빠가 그림책 읽기를 취미로 삼게 된 배경이 궁금해서였다. 조 씨는 어쩌다 그림책을 가까이하게 됐을까? 조범희 씨와 쌍둥이 두 딸, 아내 윤여화(37) 씨가 함께하는 공간을 찾아가 봤다. 쌍둥이와 윤 씨는 거실 가득 책을 펼쳐놓고 조 씨의 퇴근을 기다렸다.

일하다 짬을 내 독서 모임에 나가는 아빠

"아빠, 자전거 타는 것 좀 가르쳐 주세요. 그거 타고 아빠한테 갈 수 있게요."

조범희 씨가 두 딸을 무릎에 앉혀놓고 그림책에 적힌 문장을 읽어 내려갔다. 빨리 자전거를 타고 싶어하는 딸과 딸이 크는 모습이 좋으면서도 왠지 서운함을 느끼는 아빠의 이야기를 담은 그림책이다.

이 가정의 책 읽기 문화를 들여다보려면 딸들한테 그림책을 읽어주는 조 씨의 일과를 살펴보면 된다. 아이들은 누구보다 일찍 눈을 뜬다. 출근을 준비하는 조 씨한테 와서 책을 읽어달라고 아침 인사를 할 때가 많다. 마음이 바쁜 아침 시간이지만 읽어달라는 책은 웬만하면 읽어주고 출근한다.

조 씨가 하는 일은 꽃을 판매하는 일이다. 꽃을 직접 재배하는 것은 아니다. 꽃을 사다가 분갈이를 하거나 예쁘게 포장해서 배달까지 해준다. 조 씨는 지금 하는 일이 만족스럽다.

"그냥 웃을 때랑 꽃을 보고 웃을 때랑 얼굴근육의 움직임이 다르다고 하더라고요. 꽃을 보고 웃을 때 근육이 더 많이 움직인다는 얘기도 있고요. 일하면서 그걸 실감할 때가 참 많습니다. 특히 남자분이 여자분한테 프러포즈용으로 꽃을 보낼 때 여자분들 표정을 보면 정말 행복해 보입니다. 그럴 때 제가 참 의미 있고 행복한 일을 한다는 생각이 들죠. 이렇게 남을 웃게 할 수 있는 일이 많지는 않잖아요."

이렇게 일을 하다가 잠시 짬을 내 독서 모임에 나가는 날도 있다. 일주일에 한 번 정도 '책 읽어주는 아빠 모임'이 열리면 조 씨는 계룡문고 북카페를 찾는다. 모임에서는 다른 아빠들과 그림책을 함께 읽고, 책에 관한 이야기를 나눈다. 모임에서 조 씨는 상대적으로 젊은 아빠다. 아이를 중·고등학생으로 키운 선배 아빠들이 많아 곁가지로 듣게 되는 육아, 교육에 관한 이야기도 많다. 조 씨한테는 다른 사람의 생각도 들어보고, 새로운 책 정보도 접할 수 있는 귀한 시간이다.

퇴근 뒤 저녁 시간은 또래 다른 아빠들의 저녁 시간과는 조금 다르다. 이 가정에는 텔레비전이 없다. 부부는 결혼 뒤 외가 어른들과 함께 살면서 텔레비전을 별도로 구입하지 않았다. 분가하면서도 텔레비전은 특별히 필요한 물건이 아니었다. 거실에는 서가와 소파가 있다. 서가에는 주로 아이들 책이 꽂혀 있다. 두 딸이 최근 관심을 보이는 책은 딸들의 키 높이에 맞게 꽂아둔다. 거실에는 장수풍뎅이, 사슴벌레 등을 담은 곤충 채집 상자와 아이들 장난감도 돌아다닌다. 부부는 "텔레비전이 있으면 아이들이 하는 말을 귀 기울여 듣기 어렵다."라고 했다.

"아무래도 텔레비전에 집중하게 되니까 아이들이 무슨 얘기를 할 때 잘 안 듣게 되더라고요. 아이들은 '이게 뭐야?'라며 물어보기도 잘하고, '이 책 읽어주세요'라는 소리도 많이 하잖아요. 텔레비전이 있으면 그런 이야기를 잘 놓치게 되죠. 요새는 인터넷이 워낙 발달해 있으니까 텔레비전이 없어도 큰 불편함이 없더라고요. 특별히 보고 싶은 프로그램이 있으면 아이들 재워놓고 볼 수 있으니까요."

아이들의 사소한 소리에 귀를 기울여야 한다고 철칙을 세워둔 데는 이유가 있다. 어린 시절 조 씨의 아버지는 엄격한 분이셨다. "이건 안 돼!"라는 소리가 자주 나왔다. 혼나기도 많이 혼났다.

"어릴 때는 막연히 내가 잘못해서 혼나는 것으로 생각했는데, 다 자라서 보니까 무조건 제 잘못만은 아니었다는 생각이 들었습니다. 어른이 아이들한테 무조건 '안 된다'는 소리를 할 게 아니라 '이건 이래서 안 했으면 좋겠다'라고 하나씩 설명해주고, 이해를 시켜주면 좋겠다는 생각이 들었어요. 아빠가 '안 된다'는 말을 하는 이유는 나를 사랑해서, 나를 위해서, 내가 걱정되어서 그런 거라고 이해할 수 있도록 차근차근 설명해주는 거죠. 그렇게 배려하고 상황을 이해시켜주는 아빠가 되고 싶었습니다. 어른이기 때문에 무조건 지시하거나 통제하기보다는 평등한 입장에서 상황을 설명하고, 대화를 나눌 수 있는 친구 같은 아빠 말이죠. 그럴 때 책이 큰 도움이 됩니다. 아이들이 가장 많이 하는 말이 '이 책 같이 읽어주세

딸들이 책을 읽어달라고 하면 엄마와
아빠는 하던 일을 멈추고 책을 먼저
읽어준다.

요'라는 말이거든요. 읽어주면서 제가 딸들을 얼마나 사랑하는지, 딸들에게 얼마나 관심이 있는지 표현할 수 있죠."

다른 집 아이들 같으면 어린이집에 갔을 나이지만 쌍둥이 두 딸은 집에서 책을 읽는 것 외에 별다른 학습을 하지 않는다. 윤 씨는 "영어를 비롯한 여러 가지 학습 관련한 건 학교에 들어가서도 지겹게 배울 텐데 벌써 시킬 필요가 없다고 생각한다."라고 했다. 아이들은 특별히 가르쳐주지 않았지만 그림책 등을 보면서 자연스럽게 한글을 깨쳤다. 그림책을 꾸준히 보여주고 얻은 성과라면 성과다.

책으로 만나고 몸으로도 만난다

흔히 책은 간접경험을 하게 해준다고 한다. 많은 부모가 여건상의 이유로 자녀에게 체험 학습이나 여행 등 직접 경험할 기회를 주지 못한다. 하지만 조 씨는 여건이 닿는 한 간접경험과 직접경험을 모두 시켜주려고 노력한다. 꽃과 관련한 일을 하는 만큼 자연 관련 책을 보여줄 때가 많다. 가능하면 책에서 본 꽃이나 곤충 등은 직접 볼 기회를 만들어준다. 조 씨의 기억 속에 어릴 때 자연을 보면서 지적 호기심을 채워나갔던 경험들이 좋게 자리하고 있기 때문이다.

"초등학교 4학년 때까지 부여에서 살았거든요. 학교가 무척 작았는데 남녀 합쳐서 삼십여 명밖에 안 됐었죠. 그런 환경에서는 왕따나 학교 폭력 같은 문화가 없었습니다. 서로가 서로의 부모님, 형제 관계를 속속들이 알 정도로 가족처럼 지냈죠. 그런 친구들과 함께 자연을 보면서 자란 기억이 아직도 참 좋게 남아 있어요. 저는 책을 많이 읽은 건 아니었어요. 다만 자연을 통해 계절의 변화, 삶의 이치 등을 깨달은 것 같습니다. 저희 집이 염소를 키웠었는데, 비가 오는 날 조금 늦게 염소를 데리러 가면 염소가 원망하는 눈빛으로 기다리는 게 보이는 겁니다. 그 모습이 지금도 눈에 선해요. 누가 알려주지 않았지만 저도 모르게 저 염소 친구를 책임져줘야 한다는 책임감 같은 게 생겼던 것 같아요. 그때는 연못에 있던 알이 올챙이가 되고 개구리가 되는 걸 보고 '생명이 이렇게 자라는 거구나'를 자연스럽게 알았던 것 같습니다. 근데 4학년 2학기 때 대전으로 오면서부터는 그런 경험을 하기가 어렵더라고요. 자연을 접할 수도 없고, 학교 아이들 문화에도 서열이 있더군요. 어떤 애는 어떤 점에서 나랑 친구가 될 수 없다는 등 구분 짓기 문화가 저한테는 참 낯설었습니다. 딸들이 자라는 환경도 도시잖아요. 가능하면 제가 경험했던 어릴 때 그 정서를 알려주고 싶어서 자연 관련 책을 자주 보여줍니다. 그리고 가능하면 들판에 나가서 책에서 본 것들을 직접 보여주죠."

쌍둥이는 여름이 되면 뜰채를 들고 고기를 잡으러 나간다. 조씨는 각시붕어와 피라미 등 책에서 만난 물고기를 잡으면 '그때 책에서 만난 물고기들'이라고 설명해준다. 반대로 책에서 한 번도 본 적이 없는 생명체를 발견하면 집에 와서 그런 생물이 있는 책을 찾아보기도 한다. 직접경험과 간접경험이 적절히 어우러져 있는 셈이다. 딸들은 이렇게 책으로 만난 곤충과 꽃, 풀 등을 직접 손으로 만져보고, 코로 냄새를 맡아보면서 알게 모르게 생물 공부를 한다.

"얼마 전에 아내가 아이들을 데리고 산에 갔었는데 재미있는 일이 있었다고 하더라고요. 사마귀를 들고 내려오는 아저씨한테 아이들이 그런 얘기를 했나 봅니다. '사마귀 암놈은 수놈이랑은 달라요. 날지 못하고 수놈보다 크기가 커요.' 언젠가 책에서 본 게 있어서 그런 얘길 한 거죠. 좀 놀랐습니다. 일부러 가르쳐준 게 아닌데 책으로도 보고, 직접 만나기도 하면서 자연스럽게 알아간 거였죠."

두려움 없는 딸들로 키우고 싶어요

아이들에게 간접경험과 직접경험을 모두 시켜주면서 부부는 배우는 게 많다. 윤 씨는 원래 곤충을 무서워하는 성격이지만 아이들에게만큼은 두려움을 심어주고 싶지 않아서 '만져보라'고 권할 때가 많다. 다행히 두 딸은 곤충 앞에서 겁이 없다. 딸들이 각종 곤충은 물론이고 파충류를 봐도 두려워하지 않는 걸 보면서 윤 씨는 "아이들 각자의 성향은 타고 나는 것도 있지만 환경의 영향도 많이 받는다는 걸 깨달았다."라고 했다.

"요새 아이들은 책을 볼 때 동물이나 곤충이 나오느냐 안 나오느냐를 굉장히 중요하게 여기더라고요. 지금 그럴 시기인가 봅니다. 이렇게 아이들 나이에 맞게 좋아하는 것들을 적절히 보여주고 호기심을 풀어주는 게 필요한 것 같아요. 여자아이에 대한 편견이 있잖아요. 예를 들어, 파충류와 관련한 걸 보면 무서워할 것으로 생각하고 안 보여주는데 그렇지 않더군요. 보통 여자애들한테는 바비 인형을 많이 사주시는데 저희 집에는 바비 인형이 없어요. 자동차나 곤충이 많죠. 남자 조카가 쓰던 장난감을 물려받았거든요. 그래서 그런지 마트에 갈 때 바비 인형 코너 앞을 지나가도 사달라는 이야기를 안 합니다. 그걸 보고 여자아이는 분홍을 좋아하고 곤충을 무서워한다고 생각하는 것도 편견이라는 생각이 들더라고요. 두 딸이 최대한 편견이나 공포심 같은 게 없었으면 좋겠어요. '이거 책에서 본 건데 저기 있네?' 이렇게 말하면 큰 두려움 없이 다가가서 곤충을 만져보더라고요."

두 딸은 거실에 책을 무작위로 펼쳐놓고 논다. 장수풍뎅이, 사슴벌레를 손으로 잡고 놀다가 책을 밟고 여기저기 뛰어다니기도 한다. 그러다 마음에 드는 책이 있으면 펼쳐 읽는다. 첫 페이지부터 차근차근 순차적으로 읽지도 않는다. 마음에 드는 그림이 보이면 그 페이지를 보다가 집중력이 떨어지면 다른 데 관심을 두기도 한다.

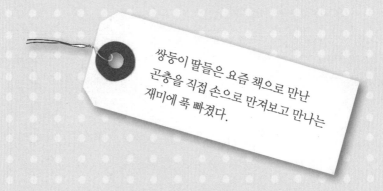

쌍둥이 딸들은 요즘 책으로 만난
곤충을 직접 손으로 만져보고 만나는
재미에 푹 빠졌다.

다른 가정 같았으면 "가만히 좀 있어라." "한 권씩 차근차근 읽어라."라는 소리를 할 법도 하지만 부부는 아이들한테 '안 돼!' '그러지 마라'는 소리를 안 한다. 아이들에게 책은 장난감이다. 부부는 책 앞에서 아이들이 최대한 자연스럽게 놀고 즐거워하면 좋겠다고 생각한다. 순차적인 책 읽기에 대한 강요나 정리·정돈에 대한 잔소리 등은 안 한다. 어차피 한 번에 한 권씩 읽고 말 책이 아니다. 아이들 세계에서 책은 아무 페이지나 펼쳐서 읽고 싫증이 나면 덮어두고 그러다가 어느 날 또 펼쳐보는 장난감이라는 걸 잘 알기 때문이다. 마구 어지럽혀 놓은 책은 두 아이가 잠든 뒤 부부가 치운다.

책에 대해 부부가 공유하는 또 하나의 독서 철학은 '쌍둥이라고 책도 같이 읽어야 한다는 법은 없다.'라는 거다. 아이마다 좋아하는 책 종류가 다르다. 쌍둥이도 마찬가지다. 혜원이와 혜윤이는 쌍둥이지만 좋아하는 책 장르가 확연히 다르다. 큰딸은 요즘 영어 관련 책에 관심을 보인다. 작은딸은 공룡이 등장하는 책을 좋아한다. 큰딸은 물리적으로 작은 책을 좋아한다는 점도 특징이다.

"아무래도 큰아이라서 그런지 동생에 대한 질투 같은 게 있습니다. 아기가 되고 싶다는 말을 자주 해요. 엄마 사랑을 독차지하고 싶은 겁니다. 그래서 아기들이 읽는 작은 책을 찾는 거고요.(웃음)"

책을 소리 내 읽어줄 때도 아이들 각자의 개별적인 취향을 존중해준다. 책을 한 권 놓고 두 딸에게 한꺼번에 읽어주는 일은 드물다. 이번에 혜원이가 원하는 책을 읽어줬으면, 그다음에는 혜윤이가 원하는 책을 읽어주는 식으로 공평하게 안배해준다. 엄마는 "어린 시절 형제들의 책을 물려받아 읽었던 내 경험 탓도 크다."라고 했다.

"저는 형제가 셋이거든요. 어느 집이나 그렇지만 큰아이 책을 물려받아 읽었었어요. 내 책을 구입할 만한 선택권이 없었죠. 형제들과 책을 같이 읽을 때마다 내 책이 없다는 게 항상 아쉬웠어요. 그래서 어른이 되고 직장에 다니면서 내 돈으로 직접 물건을 살 수 있을 때 책을 참 많이 사 봤습니다. 그런 경험이 있어서 그런지 두 딸한테 각자의 책을 주고 싶습니다. 물론 같이 읽는 책도 있죠. 하지만 아이들 각자 읽고 싶은 책이 있고, 소유하고 싶은 책도 다를 겁니다. 그래서 각자의 취향도 존중해주고, 자기만의 책도 사주려고 노력합니다."

책 앞에 서면 엄마도 아빠도 다섯 살

'쌍둥이 아빠, 엄마'가 원래부터 책을 좋아했던 것은 아니다. 특히 조 씨는 아내와 비교할 때 상대적으로 늦게 책 맛을 알았다. 조 씨에게 책 읽는 즐거움을 알려준 사람은 윤 씨였다. 조 씨는 연애 시절 책방에서 데이트하자는 말에 깜짝 놀랄 정도로 책과는 가깝지 않은 사람이었다. 어느 날부터인가 윤 씨가 추천해준 책을 읽기 시작하면서 조 씨는 스스로 내면이 성장하는 것을 느꼈다. 그때부터 책이 조금씩 좋아지기 시작했다. 그리고 두 딸을 위해 그림책을 읽어주면서부터는 스스로 책을 통해서 다시 자라고 있다는 것을 느낀다.

"한참 연애하던 시절에 아내가 내적 불행과 관련한 책을 추천해줬어요. 저희 부모님께서 저한테 자신감을 심어주기보다는 '너는 안 된다'는 말씀을 많이 하셨거든요. 그런 환경 속에서 스스로 위축되어 살아왔던 것 같아요. 자신감이 부족한 아이였죠. 근데 아내가 권해준 책을 읽으면서 늦게나마 제 유년을 돌아보게 됐습니다. 저를 보듬고 사랑하는 법을 찾았죠. 책을 통해서 유년에 풀지 못한 상처를 보듬으면서 두 딸에게 어떤 아빠가 되어야 할지 마음가짐도 가다듬은 것 같습니다."

많은 부모가 들인 책값을 생각해 학습상의 성과를 기대하지만 조 씨 부부는 조바심을 낼 필요 없다는 주의다. 오히려 아이들처럼 천천히 그림책을 읽어보고 문장이며 그림 등을 곱씹어보면서 '아이들 덕에 다시 성장한다'는 말을 하게 되는 요즘이다.

"어릴 때 책을 안 보고 자라서 그런지 뒤늦게 배우는 게 많습니다. 아이랑 부모는 같이 성장한다고 하잖아요. 아이들한테 그림책을 읽어줄 때마다 제가 다섯 살 때로 돌아간 것 같은 느낌이 많이 듭니다. 그때의 저를 이해하고 안아주는 느낌이죠. 다른 책도 좋지만 그림책만의 좋은 점이 있습니다. 저처럼 아빠들은 일에 치여서 여유롭게 책을 펼칠 시간이 많지 않잖아요. 그림책은 참 금방 읽어요. 그리고 그림만으로도 스토리가 다 이해가 갑니다. 볼 때마다 다른 해석이 가능하다는 것도 장점이죠. 때로는 제 눈에 안 보이는 것들을 아이들이 볼 때도 있습니다. 왠지 그림책을 펼치면 어릴 때로 돌아가 내가 다시 자라는 느낌이 들어서 더 손이 가는 것도 같습니다."

그림책으로 미래를 그리는 가족

'쌍둥이 아빠'를 만나러 간 날, 조 씨는 두 딸에게 "오늘은 손님이 오신다."라고 설명했다고 했다. 그림책을 읽어주듯 조 씨는 쌍둥이 딸들에게 그날그날 무슨 일이 있을지를 자세하게 설명한다.

"오늘은 어디 갈 거야."

"오늘은 놀이터에 가서 미끄럼틀 타볼래?"

"오늘은 그때 책에서 본 곤충을 볼 수 있을 거야."

아이들도 한 사람, 한 사람의 인격체다. 어른이 강요해서 행동하게 만들 게 아니라 지금 상황을 잘 이해시키고 설명해줘야 한다. 조 씨는 "아이들이 모르는 것 같아도 다 알아 듣는다."라고 했다.

삼십 대 '쌍둥이 아빠'의 일상은 다른 아빠들의 일상과는 많이 달라 보였다. 조 씨는 책 모임을 제외한 다른 모임에 가서는 책 이야기를 많이 하지 않는다. 책 이야기를 싫어하는 아빠들도 있을 거고, 책 이야기를 꺼내면 유별나다고 생각하는 사람들도 있을 거다. 조 씨는 "맞고 틀린 게 아니라 생각이 다른 것"이라고 했다.

　　딸이 자전거를 타고 멀리 떠나가는 내용의 그림책을 읽던 조 씨는 "우리 딸들도 언젠가 사회생활도 하고, 남편도 만나 나를 떠나게 될 날이 올 것"이라며 웃었다. 문득 조 씨가 왜 딸들과 함께 그림책을 펼치는지 그 이유를 알 것 같았다. 딸들에 대한 사랑을 전하고 싶기 때문이기도 하지만 그림책이 담는 단순하지만 진지한 삶의 이야기가 조 씨의 삶에 큰 울림과 위로를 전해주기 때문이 아닐까. 마치 다른 아빠들이 자기계발서나 재테크 관련 책을 열심히 읽으며 미래를 준비하는 것처럼 쌍둥이 아빠에게 그림책은 현재 그리고 미래 인생을 위한 준비물처럼 보였다.

우리집 독서 비결

책 읽어달라고 하면 하던 일을 멈추자

부모들은 "책 좀 읽어라."라는 소리는 참 많이 하지만 "책 읽어줄까?"라는 소리는 잘 안 한다. 그래서인지 많은 가정에서 책은 문제집처럼 혼자 풀어야 하는 숙제가 됐다.

인터뷰하는 동안 조범희 씨와 윤여화 씨는 여러 번 "잠깐만요." 소리를 했다. 두 딸이 "책 읽어주세요."라고 하거나 "이 벌레같이 봐주세요."라고 할 때 인터뷰를 잠깐 멈추고 아이들 말에 반응을 해주려고 하는 거였다.

다른 가정 같았으면 "엄마, 아빠 손님이랑 중요한 얘기 하니까 그만 보채!"라는 소리를 했을 법도 한데 부부는 몹시 어려운 상황이 아니면 아이들의 요구가 뭔지를 먼저 들어주려고 했다. 조 씨는 "만약에 지금 요구를 들어주기 어려운 상황이라면 왜 그런지도 차근차근 하나하나 설명해준다."라고 했다. 다 알아듣지 못하더라도 아빠와 엄마가 얼마나 자신을 배려하는지 알 수 있을 거라는 게 이유였다.

특히 엄마와 아빠는 딸들이 책을 읽어달라고 하면 웬만하면 하던 일을 멈추고 책 먼저 읽어준다. '책 읽어주는 게 크게 어려운 일이 아니기 때문'이라고 한다. 조 씨는 "예를 들어, 설거지하고 있

더라도 끼고 있던 장갑을 잠깐 빼고 읽어줄 수 있는 일"이라고 했

다. 우리도 모르게 독서를 권할 때 '지시형' 화법만 쓰고 있진 않은

지 생각해보게 해주는 이야기다.

삼 대에 걸친 위대한 유산

신순화 씨 가족

'워킹맘의 육아 전쟁', '육아 전쟁에서 살아남는 법' 등 요즘은 육아를 두고 '전쟁'이라는 말을 종종 쓴다. 아이를 키우는 일이 그만큼 힘들고 치열하다는 의미다. 경제적 부담이나 육체적 고단함도 크지만, 부모의 최대 관건은 아이 교육을 어떻게 시키느냐다.

보통 아이 하나를 키우기에도 정신없을 텐데, 아이 셋을 기르면서 집안일까지 척척 해내는 엄마 신순화(43) 씨는 그야말로 '슈퍼맘'이다. 눈을 뜨자마자 아이들 뒤치다꺼리하며 큰아이를 학교에 보내고 둘째와 셋째를 돌보며 집안일을 한다. 오후에 첫째가 집에 돌아오면 간식거리를 챙기고 숙제를 도와주거나 알림장을 보고 준비물을 챙겨준다. 책 한 권은커녕 텔레비전 드라마를 볼 시간도 없어 보인다.

이렇게 바쁜 엄마가 항상 아이랑 책을 읽고 '엄마표 독서 교실'까지 운영한다. 신 씨는 자신을 평범한 엄마라고 소개하지만, 이 사실만으로도 범상치 않아 보인다. 이 가족만의 독특한 독서 문화가 있을지 궁금해 그가 사는 집으로 직접 찾아갔다.

경기도 군포의 지하철역에서 내려 한 시간에 한 번 온다는 마을버스를 타고 신 씨의 집을 찾아가던 날, 버스에서 내리자마자 두 아이가 보였다. 멀뚱멀뚱 서 있는 남자아이와 길게 땋은 머리가 무릎까지 내려오는 여자아이였다.

"안녕하세요. 저는 여섯 살 최윤정입니다."

갑자기 여자아이가 인사를 하며 자기소개를 했다. 알고 보니 신 씨의 큰아들과 둘째였다. 누군지도 모르고 버스에서 내려 주변을 두리번거리는 젊은 여자 분을 모시고 오라는 엄마의 특명을 받고 무작정 마중을 나온 길이었다. 이 가족과의 첫 만남이었다.

신순화 씨는 건설 회사에 다니는 남편 최돈거(46) 씨, 열 살 필규와 여섯 살 윤정이, 세 살 난 이룸이와 살고 있다. 어린아이 셋이 있는 집이라면 거실 곳곳에 장난감이 나뒹구는 모습이 떠오른다. 신 씨네 거실은 여느 집과 달랐다. 들어서자마자 책이 여기저기 흩어져 있었고 거실 중앙에는 텔레비전 대신 책장과 디브이디DVD가 꽂혀 있는 장식장이 놓여 있었다. 첫째 필규는 엄마가 내오는 간식을 먹으면서도 책에서 눈을 떼지 않았다.

가난한 문학청년의 딸로 태어나 책의 매력에 빠지다

대부분 아이가 책을 처음 접하게 되는 경로는 부모를 통해서다. 그만큼 부모의 독서 습관이 아이에게 미치는 영향은 크다. 가난한 문학청년이었던 신 씨의 아버지는 젊었을 때 음악과 책에 관심이 많았다. 특히 혼자 습작하며 책 읽는 것을 좋아하셨던 아버지는 결혼 후 아이들에게도 책을 한 권씩 사줬고, 도시와 비교하면 놀 거리가 없던 시골의 다섯 자매는 그 책을 너덜너덜해질 때까지 읽고 또 읽었다.

도시로 이사 온 뒤, 아버지는 청계천 같은 곳을 다니며 중고 책을 사다 줬다.

"많이는 아니고 세계문학 전집, 위인전 전집 등을 가끔 사다 주셨어요. 근데 그 책이 저의 유년 시절을 모두 채웠어요. 저희는 지금도 모이면 그 어린 시절에 읽었던 그 책에 관해 얘기해요. '그 몇 페이지 장면 기억나?' 그러면 다섯 명이 다 알아요. 주인공 이름까지도."

가난한 환경 탓에 읽고 싶은 책을 실컷 보지 못했던 그는 책이 많은 친구만 골라 사귀었다.

"사실 친구보다 책이 목적이었어요. 친구네 집에 놀러 가면 책만 봤어요. 집에 돌아올 때도 빌릴 구실을 대려고 계속 생각하고."

그가 대학에 다닐 당시만 해도 지금처럼 바코드로 찍어서 대출하는 것이 아니라 책 뒤편 대출카드에 적는 방식이었다.

"저는 책을 빌릴 때 뒷면을 확인해서 한 번도 안 빌린 책만 골라서 빌렸어요. 그래야만 대출카드 맨 위에 내 이름을 쓸 수 있었으니까요. 그게 남는다고 생각하면 너무 설레어서 《테니스개론》, 《등산학》 등 총서 쪽에 가서 아무도 안 빌린 책을 찾았어요. 그러다 우연히 보석 같은 책을 발견하기도 했죠. 나중에 실습 조교를 하면서 그때 빌렸던 책을 찾아보니 여전히 내 이름 석 자만 적혀 있었는데 너무 뿌듯하더라고요. 지금은 바코드로 바뀌어서 많이 아쉬워요."

신 씨의 아버지는 연세가 드신 뒤에야 수필가로 등단하셨다고 한다. 그리고 그런 아버지에게 영향을 받아 책을 읽어온 자매들도 자연스레 글쓰기에 익숙해졌다. 큰언니와 신 씨는 파워블로거로, 셋째도 블로거로 활발히 활동 중이다. 특히 자매들은 책에 대한 정보를 항상 공유하며, 책을 서로 빌려보거나 직접 사서 읽기도 한다.

"제가 초등학교 때 글짓기도 잘해서 아버지는 글을 쓸 때마다 저더러 오탈자를 잡고 띄어쓰기 틀린 것을 찾으라고 하셨죠. 지금도 아버지 글을 제가 다 컴퓨터로 입력하고, 오탈자 잡는 작업을 해요. 제가 이렇게 책을 좋아하게 된 건 아버지 덕분이에요."

만화가 어때서? 재밌고 유익하기만 하다!

그런 아버지를 보며 자란 그는 한때 책을 좋아하는 사람을 만나서 한 권의 책을 같이 읽고 밤새도록 이야기꽃을 피우는 결혼을 꿈꾸기도 했었다. 하지만 실제 남편은 일이 많아서 책 읽을 시간이 부족하다. 유일하게 같이 열광하고 빠진 책이 《만화 삼국지》였다. 그래도 남편은 집에 오면 아이들이 읽어달라고 하는 책은 다 읽어준다.

신순화 씨는 결혼 전에는 사회복지사로 일했다. 결혼 후 전업주부로 지내며 블로그에 글을 쓴다. 출장도 많고 늦게까지 일하는 남편 때문에 예전에는 거의 주말부부처럼 지낸 적도 있었다. 남편과 함께 보낼 시간이 적었던 그는 항상 아이와 함께 책을 읽었다. 남편이 덜 바빴으면 아무래도 아이들과 바깥나들이도 자주 가고 돌아다니는 일이 많았을 텐데 그렇지 못한 덕분에 책을 원 없이 읽게 됐다. 아이들 교육을 위해서라기보다 자신이 책 읽기를 너무 좋아해서다. 책 자체를 좋아하고 독서를 즐겼다.

책을 읽는 데 정해진 규칙이나 틀이 없다. 그냥 손에 잡히는 대로, 읽고 싶은 만큼 읽는다. 당연히 책의 종류도 따지지 않는다. 자신이 그래 왔던 것처럼 아이에게도 미리 독서 계획을 잡거나 책 목록을 짜서 독서를 시킨 적이 없다.

"첫째인 필규가 열 살 정도 되니까 이제 저랑 책을 같이 읽을 수가 있더라고요. 《베르사유의 장미》(이케다 리요코, 대원)랑 《캔디캔디》(이가라시 유미코, 하이북스)를 떼고, 《비빔툰》(홍승우, 문학과지성사)과 《식객》(허영만, 김영사)도 같이 보면서 코드도 같아졌어요. 그러니까 아이들이랑 할 얘기가 많아지더라고요."

가끔 아이들이 만화책을 읽어서 속상하다는 엄마들이 있는데 신 씨는 오히려 아이들과 같이 만화책을 읽는다.

"꼭 만화라고 해서 나쁜 건 아니에요. 만화 중에서도 좋은 만화가 있잖아요. 허영만의 《식객》을 읽고는 필규가 '가자미식혜'라는 음식을 먹어보고 싶다고 그러더라고요. 자주 가는 식당에서 나오는 반찬인데도 전혀 관심이 없었는데 그걸 스토리로 알고 나니까 너무 궁금한 거예요. 저는 그런 게 아이의 식습관에도 굉장히 도움이 된다고 생각해요."

가족 만화 《비빔툰》을 읽고 나서도 마찬가지였다.

"육아를 다룬 만화 《비빔툰》을 보면 작품에서 어린아이가 하는 행동을 세 살짜리 막내가 다 해요. 그래서 제가 '이룸이가 《비빔툰》을 리얼하게 찍고 있다'고 그러면 필규도 무릎을 '탁!' 치며 '맞다 맞다' 이러죠. 자기는 이제 그 시절이 다 지났다고 막 웃는데 제가 보기엔 그게 더 재밌어요."

시골에 들어와 엄마표 독서 교실을 열다

그는 지난해 아파트를 벗어나 전원주택으로 이사를 왔다. 처음에는 아이를 위해서였다.

"아이들이 마음껏 뛰놀라고 놀이터에 내보냈어요. 언젠가 한번 놀이터에 나가보니 아이들이 의자에 빙 둘러 있더라고요. 놀지도 않고 초등학생 형이 스마트폰으로 게임하는 걸 구경만 하는 거예요. 큰 충격을 받고 그 뒤로 이곳을 벗어나자 싶었어요."

그는 그 일을 계기로 아이들의 생활 환경이 얼마나 중요한지 깨달았다고 한다. 남편과 툭탁거리다 결국 지금의 한적한 마을로 옮기게 됐다.

첫째 필규는 2학년 때까지 혁신 학교를 다니다 3학년 때부터 대안 학교로 옮겼는데, 학교 주변으로 오다 보니 도심에서 벗어나 인근 시골에 자리 잡게 됐다. 그의 집은 넓은 마당에 방이 다섯 개나 있는 이 층 벽돌집이다. 집은 나무로 둘러싸여 있는데 각종 채소가 자라는 텃밭이 있고 앞마당에는 개 두 마리가, 뒷마당에는 닭들이 함께 산다.

집을 옮기고 나니 무엇보다 남편이 변했다. 텃밭을 일구고, 가축도 돌보고, 직접 가구까지 만든다. 주변에 주문 제작 요청이 밀려들 정도다. 그녀도 함께 거든다. 정원을 가꾸고, 개도 산책시키고, 집 이곳저곳을 손보느라 시간 가는 줄 모른다. 결혼 십 년 차, 아파트를 탈출한 뒤 뒹굴거리던 남편은 농부가 돼서 부지런해졌고, 아이들과 자신의 삶에도 생기가 돌았다. 신 씨는 아이들에게 책을 읽어주고 남편 최 씨는 아이들과 가구를 만든다. 신 씨는 시골로 오기가 쉽지는 않았지만 이사를 온 뒤 사람과 생활이 건강해졌다고 말했다.

"이 집에서 살고 나서부터 직접 사는 사람이 그 집의 진정한 주인이 된다는 것을 느꼈어요. 우리가 들어오기 전 몇 년 간 집이 비어 있었는데, 폐허까지는 아니었지만 손볼 곳도 많고 집이 죽어 있는 느낌이었거든요. 그 집의 모든 상황을 받아들이고 이해하고 보살펴 주면서 우리도 집과 긴밀하고 끈끈한 관계를 맺을 수 있었어요."

그는 "결국 우리 가족도 이 집이 있어야 하고, 이 집도 우리가 있어야 한다는 것을 실감해요."라며 함께 고치고 치우고 보살피며 사는 동안 가족도 이 공간 안에서 더 가까워졌다고 덧붙였다.

또 신순화 씨는 이곳에 와서 일주일에 한 번씩 필규의 친구 엄마들과 모여 '엄마표 독서 교실'을 연다.

"필규가 혁신 학교 1기인데 입학생이 육십 명이었어요. 다들 혁신학교를 목표로 사방팔방에서 모여들었으니 면면이 평범한 엄마들이 없었어요. 수준도 높고 아이들 독서와 놀이 둘 다에 관심들도 많고."

그 중 한 아이의 엄마가 독서 강의도 많이 나가는 아동문학 전문가였는데, 동네에서 아이들과 함께 독서 모임을 꾸려보자고 제안했다고 한다. 이름은 독서 교실이지만 정해진 형식이나 전문적인 교재는 없다. 엄마들이 각자 떠오른 아이디어로 매주 꾸려나간다.

"장소를 찾다가 모임은 우리 집에서 하는 걸로 하고, 엄마들이 먹을거리를 싸오는 식으로 했죠. 처음에는 아동문학 전문가인 그 엄마가 주도했지만, 지금은 엄마들이 순서를 정해서 일주일에 한 번씩 돌아가면서 준비를 해와요. 읽어온 책에 관한 퀴즈도 내기도 하고 밖에 나가서 책에 대한 느낌을 그려오라고 하거나 애들끼리 서로 자신이 좋아하는 책을 읽어주기도 하는 등 다양한 방식으로 자유롭게 진행해요."

본래 취지는 독서 모임이었지만 아이들은 만나서 함께 어울리는 것을 더 좋아했다. 형제·자매가 부족한 요즘 아이들을 한 공간에 모아놓으니 자기들 세상을 만난 듯 신 나게 뛰어놀았다. 하지만 그건 비단 아이들뿐만이 아니었다. 엄마들은 엄마들대로 맛있는 거 먹으면서 수다를 떠느라 정신이 없었다. 자연스럽게 독서 모임의 분위기는 항상 좋았고, 엄마나 아이 모두 책도 읽고 즐겁게 놀기도 하는 일거양득의 효과를 얻는 셈이다.

텔레비전과 멀어진 가족, 책을 통해 영화를 만나다

신 씨의 가족은 단순히 책을 읽는 데 그치지 않는다. 책을 가지고 끊임없이 놀 거리를 만들어낸다. 그 중 하나가 영화다. 신 씨와 남편 최 씨는 첫째 필규가 생후 구 개월 됐을 때 텔레비전을 없애고 그 자리에 책장을 들여놨다. 그리고 텔레비전을 없애고 생긴 영상에 대한 갈증을 영화로 채워나갔다. 그렇게 책과 영화의 만남이 시작됐다.

"필규가 한 살 때 책을 읽기 시작하면서 홈시어터를 장만해서 아이들과 영화를 자주 봤어요. 예를 들어, 채플린 영화를 보고 난 뒤에 도서관에 가서 채플린 전기를 빌려 와 읽으면 아이들이 흥미를 느끼고 열심히 보더라고요. 심지어 세 살짜리 아이도 그림을 보며 아는 척하고. 또 아이들이 보통 미야자키 하야오 영화는 다 좋아하잖아요. 그 애니메이션을 보고 궁금해서 책을 빌려 오면 아이들이 달려들어서 읽어요. 워낙 자기들이 좋아하는 것들이라 더 알고 싶어서죠. 그렇게 책과 영화가 어울리니 효과가 훨씬 크더라고요."

신 씨는 아이가 어떤 영화에 열광하겠다 하는 감이 있다. 아이에게 항상 주파수를 맞추고 있으니 아이가 뭘 좋아하는지 잘 안다. 〈해리포터〉 시리즈를 끝내고 〈스타워즈〉를 거쳐 지금은 〈인디아나 존스〉에 빠져 있다. 아이들은 〈스타워즈〉에 빠져서 레고 블록을 갖고 놀다가 그다음에 영화를 보고 관련 책들도 다 찾아서 봤다. 그는 아이랑 읽었던 책이 영화로 만들어져 나오면 가서 함께 보며 책과 비교해본다. 아이가 좋아하는 영화도 극장에 가서 한 번 보고 마는 게 아니라 디브이디를 사서 집에 두고 반복해서 본다. 지난 몇 달간 아이와 〈스타워즈〉 시리즈를 수십 번 봤다. 영화를 보면서 주인공을 통해 느끼고 배우는 것도 있다.

"필규랑 〈스타워즈〉 얘기를 하는데 자신이 제다이가 되고 싶다고 해서 제가 '제다이의 훈련이 얼마나 고되고 힘든지 아니? 제다이가 되려면 가장 필요한 게 뭘까? 바로 인내야.'라고 얘기해줬죠."

책이 먼저냐, 영화가 먼저냐의 순서는 중요하지 않다. 아이가 좋아하는 걸 가지고 책이나 영상을 찾아보며 집에서 지지고 볶으면서 함께 파헤치다 보면 재미와 교육 두 가지를 다 얻게 된다.

신 씨의 아버지는 자녀에게 자신의 관심사인 책을 자주 선물해줬다. 그런 아버지 덕분에 자연스레 몸에 밴 신 씨의 독서 습관은 고스란히 아이들에게 체화되었다. 다른 점이라면 독서가 시대의 변화에 따라 좀 더 다양하고 흥미로운 활동으로 확장된 것이다. 가지고 놀 것이 책밖에 없었던 그 시절과 달리 지금 신 씨의 아이들은 책을 가지고 영화나 공연, 블록 장난감 등으로 최대한 활용하며 논다. 그만큼 독서가 '멀티'화되고 '진화'한 셈이다.

공상 과학 소설에 푹 빠진 필규는 책의
내용을 재구성해 자신만의 블록 기지를
만들었다.

따지거나 강요하지 말고 닥치는 대로 같이 읽자

신 씨는 책을 통해 아이와 같이 웃고 떠들며 소통한다. 그는 자신의 경험처럼 아이의 올바른 독서 습관을 기르려면 부모의 역할이 중요하다고 얘기했다. 무조건 책을 사서 들이미는 게 아니라 아이가 즐겁게 책을 읽을 수 있는 환경을 만들어줘야 한다는 것이다.

"왜 우리 아이가 책을 좋아하지 않는지 모르겠다고 묻는 엄마들이 종종 있어요. 저는 그럴 때마다 아이 주변에 책보다 더 강한 자극이 있지는 않은지 찾아보라고 꼭 얘기해요. 예를 들어, 엄마가 텔레비전을 많이 보거나 컴퓨터나 스마트폰을 가지고 시간을 보낸다면 아이들도 당연히 그 영향을 받게 되죠. 더군다나 텔레비전이나 인터넷은 책보다 훨씬 자극이 세니까 아이들에게도 강렬하잖아요."

그는 일단 주변에 강한 자극을 없애주고, 그다음 책을 읽을 환경을 조성하라고 얘기했다. 왜 엄마는 책 한 줄 읽지 않으면서 아이에게만 독서를 강요하고 학년별 권장 도서만 쥐여 주는지 모르겠다고 말했다.

"제가 아는 한 엄마도 아이들에게 책을 주며 읽으라고 하고 자기는 디엠비DMB를 보다 걸렸는데, 아이가 엄마는 보고 싶은 텔레비전 다 보면서 왜 자기한테만 그러느냐고 따지더래요. 당연히 할 말이 없죠, 뭐."

필규가 학교에 갔다 오자마자 "엄마, 《식객》 읽어야 해요. 빨리 줘요."라고 하면, 엄마는 "잠깐 기다려. 엄마 아직 좀 남았어."라며 책을 마저 읽으려고 실랑이한다. 아이가 책을 읽길 바란다면 부모도 아이와 함께 책에 빠져야 한다. 엄마가 책을 읽는 척만 한다면 아이들은 부모가 시늉만 하는 것을 다 안다.

이 가족의 또 다른 독서 문화는 어른 책과 아이 책의 구분이 따로 없는 것이다. 열 살인 필규는 영화를 좋아해 엄마와 영화 잡지인 〈씨네21〉을 같이 읽는다. 이 잡지는 필규가 읽기에는 내용이 이해하기 어려운 부분이 많고, 다양한 장르의 영화를 다루다 보니 때로 선정적이거나 폭력적인 내용도 나온다. 이에 대한 걱정은 없었을까.

"필규가 〈씨네21〉을 읽다가 이해하지 못하는 부분은 저에게 물어봐요. 예를 들어, 영화 〈화차〉에 관한 기사를 보다 '화대'라는 단어가 뭐냐고 물었어요. 그러면 저는 아이 수준에 맞게 설명해줬어요. '몸을 팔아서 돈을 버는 여자들이 있다. 전문용어인데, 그 여자들이 몸을 팔 때마다 받는 돈을 화대라고 한다. 창녀는 뭐냐, 돈을 받고 남자랑 자주는 여자들이 있는데 그 일을 하는 여자를 창녀라고 부른다.' 그렇게 자연스레 얘기하고 넘어가면 아이는 자기 수준에서 아는 만큼만 이해하게 되죠."

보통 엄마들은 아이들이 그런 질문을 던지면 당황하며 얼버무리거나 "그런 건 몰라도 돼, 나중에 알면 돼." 하고 윽박지를 것이다. 하지만 그는 "억압하고 금지하면 거기에 대한 관심이 오히려 커지는 것 같아요. 근데 아이의 수준에 맞게 정보를 주면 그 선에서 채워지고 넘어가게 돼요."라고 말했다.

"〈씨네21〉은 계속 오고 수두룩하게 쌓여 있는데 '이건 읽으면 안 돼, 이건 커서 봐.' 이러면 아이는 엄마가 없을 때 어떻게 해서든지 그걸 읽으려 하고 알아내려 할 걸요."

그는 필규가 자신과 함께 《노르웨이의 숲》(무라카미 하루키) 가운데 한 대목을 읽고 "생명의 맛을 느꼈다."라고 말했을 때를 떠올리며 얘기했다.

"처음에는 놀랐지만, 생각해보면 모든 책은 결국 이야기예요. 그만큼 읽는 사람의 취향대로 이해하고 느끼는 것이 중요하죠. 제 경험을 빗대 봐도 그렇고, 어린 시절에 어른들이 읽는 책을 접한다고 해서 탈선하거나 나쁜 쪽으로 빠지진 않더라고요. 우리 집은 사실 그런 정도의 책도 없지만, 필규가 관심을 둔다면 어떤 책이든 다 읽으라고 해요."

신 씨에게 책은 아버지에게 물려받은 '유산'이자 아이들에게 이어주고 싶은 '선물'이다. 아버지가 자신에게 그랬던 것처럼, 아이들도 책을 읽으며 재미와 호기심을 채우고 세상을 배우도록 해주고 싶다. 집을 나서면서 삼 대가 모여 앉아 책에 대한 추억을 도란도란 이야기하는 날이 그려졌다.

인터뷰하는 엄마 옆에서 책 읽는 아이들

셋째 이룸이가 잠들어준 덕분에(?) 수월하게 인터뷰가 진행될 것으로 예상했다는 그의 생각과는 달리 복병이 있었다. 첫째 필규는 그나이 또래에 맞게 호기심도 많고 무엇보다 엄마의 관심을 원했다. 가끔 곁에 와서 엄마의 이야기를 끊고 인터뷰가 길어질수록 자신의 레고 작품을 봐주지 않는다며 투정을 부렸다. 하지만 신기하게도 한마디 던지고는 계속 책을 가져와 옆에서 읽고 또 읽었다.

인터뷰에 무심해 보이던 필규는 엄마가 말하는 도중에 잘 기억해내지 못한 책 제목이나 잘못 얘기한 주인공 이름을 귀신같이 지적했다. 둘째 윤정이 역시 오빠를 따라 책을 가져와 읽고 있었다. 인터뷰가 끝난 뒤 그 주변에는 여러 권의 책이 치열한 독서 후의 잔해처럼 널브러져 있었다.

신 씨는 책 없이는 하루도 살 수 없다며, 활자 중독처럼 항상 뭔가를 읽어야만 한다고 말했다. 그런 엄마의 모습이 어떤 식으로든 아이들의 삶에도 영향을 미치고 있었다. 책이 너무나 재밌어서 멀리하고 살 수는 없다는 가족은 정말 책과 진한 사랑에 빠져 있었다. 모든 대화가 책을 통해 이루어지고, 또 그들이 읽은 책은 다시 가족의 삶에 녹아들어 간다.

우리집 독서 비결

책은 책상에 앉아서만 읽는 것이 아니다

보통 부모는 아이가 책을 볼 때 책상에 똑바로 앉아서 집중해서 읽는 것이 올바른 독서법이라고 생각한다. 그래서 어릴 때부터 아이에게 자세를 교정하고 시간을 정해주고 집중해서 책을 읽는 훈련을 시키기도 한다.

신순화 씨는 아이가 어릴 때 텔레비전을 없앤 자리에 책장을 들여놨다. 하지만 어린아이는 책을 읽는 게 아니라 먼저 책을 쌓고 무너뜨리고 기찻길을 만들며 놀았다. 그 나이에는 당연히 책을 읽을 줄 모르니까 낙서를 해도 그냥 내버려뒀다. 그렇게 책과 친숙해진 다음 아이가 그림을 보고 골라오는 책들을 읽어주기 시작했다. 아이는 자기가 좋아하는 책이 생기는 족족 엄마에게 가져왔고, 그는 아이가 골라온 책을 다 읽어줬다.

처음에 책을 장난감처럼 놀이로 접했던 아이는 지금도 책을 가지고 논다. 필규 방에는 레고 블록으로 만든 거대한 기지가 있다. 스티로폼 박스로 얼음 기지를 구축하고 그 칸마다 비행기나 성을 지어서 발 디딜 틈이 없을 정도다.

"이 기지는 제가 가장 아끼는 건데, 《인디아나 존스》와 《해리 포터》, 《스타워즈》 책을 읽고 이야기를 합쳐서 만든 거예요."

62

요즘 공상 과학 소설SF에 푹 빠져 있다는 필규는 단순히 책을 읽는 데 그치지 않고 그 내용을 재구성해서 자신만의 새로운 블록 기지를 탄생시켰다. 자세히 들여다보니 꽤 짜임새 있게 만들어졌다. 자신의 기지를 소개하는 필규는 이전과는 완전히 다른 모습이었다. 너무나 뿌듯해하고, 책을 가지고 마음껏 상상의 나래를 펼치며 즐거워했다. 신 씨는 "책을 읽으면서 블록을 더 사달라고 하는데 비싸서 부담이 살짝 되긴 한다."면서도 "아이의 무궁무진한 상상력을 보는 건 독서를 통해 얻는 또 다른 즐거움"이라고 얘기했다.

엄마다 보니 당연히 아이한테 유익한 것, 좋은 것을 찾게 된다. 하지만 거기에만 너무 신경 쓰고 집중하다 보면 자칫 중요한 것을 놓치게 된다. 아이에게 제일 큰 건 '재미'다. 엄마는 너무 놀 궁리만 한다고 걱정하지만 그 놀 거리를 자세히 관찰하면 그것을 이용해 자연스럽게 독서를 유도할 수 있다. 물론 책보다는 아이에 대한 관심이 먼저다. 아이한테 책만 안겨주기보다 한 권을 읽더라도 같이 읽고 낄낄대며 얘기해보자. 아이뿐만 아니라 부모에게도 분명 변화가 생길 것이다.

공동서가로 이어진 네 가정

성미산 가족들

성인이 되면 친구를 사귀는 경로는 다양해진다. 직장, 친목 단체, 친구의 소개……. 그러다 결혼하고 부모가 되면 친구를 사귀는 경로는 비교적 단순해진다. 어른보다는 아이들이 인연의 끈을 만들어주는 일이 많다. 아들의 친구 엄마로, 딸의 친구 아빠로 연을 맺는 일이 잦아진다. 이 가정들의 사연도 그렇다.

　같은 어린이집에 자녀를 보내던 부모들이 아이들 덕에 자연스럽게 친구가 됐다. 여기까지는 어느 가정, 어느 부모에게나 일어날 법한 이야기다. 하지만 부모들이 '절친'이 되면서 이야기는 특별해졌다. 함께하는 시간이 늘어나자 급기야 "우리 같이 살아볼까?"라는 이야기가 오갔다. 이들은 곧 생각을 실천으로 옮겼다. 돈을 모아 땅을 사고, 건물을 지었다. 지하까지 합쳐 오 층짜리 건물에 한 층씩 입주를 시작했다. 지하 일 층은 진짜 모두가 함께하는 공간으로 꾸렸다. 책장을 놓고 책을 꽂았다.

이 특별한 사연을 만든 네 가정의 부모는 참 다양한 분야에서 일한다. 일 층에는 다큐멘터리 감독인 홍형숙(50), 강석필(42) 부부와 강이헌(11) 군이 산다. 이 층에는 배우 이정은(39), 고창석(42) 부부와 고예원(11) 양이 산다. 삼 층에는 정치학 교수인 서복경 (42), 한의사인 우연창(43) 부부와 우성진(13) 군이 산다. 사 층에는 IT 분야에서 일하는 이승현(43), 곽은민(43) 부부와 이창주(15) 군, 이창연(13) 군이 산다.

많은 이가 사생활을 보호받으며 살기를 원하지만 이들 가정은 일부 사생활을 공유하며 산다. 함께 쓰는 공간을 통해 책도 나눠 읽고, 내밀한 속내도 나눈다. 공동서가가 있는 이 공간에서는 어떤 일들이 일어날까? 어떤 문화가 만들어질까? 서울시 마포구 성산동 성미산마을에 사는 이들 가정을 찾아가봤다. 공동서가가 있는 지하 일 층에 모인 부모들은 "지난밤 새벽 한 시까지 여기 모여 술을 마셨다."라고 했다. "이 정도면 아주 일찍 끝난 것"이라고 입을 모아 말하는 모습이 진짜 '절친'처럼 보였다.

아이들이 맺어준 네 가족, 그리고 이들의 지하 일 층

네 가정의 부모가 서로 알게 된 건 2006년경이다. 공동육아, 대안학교 등 대안적인 교육 문화가 싹트던 성산동 성미산마을에서 같은 어린이집에 자녀를 보냈던 것이 계기가 됐다. 살아가는 모습은 조금씩 달랐지만 문화적 공통분모는 있었다. 부모들 모두 술을 좋아했다. 또 여행을 자주 다녔다. 그래서 친해진 뒤로는 함께 술을 마시고, 여행 떠나기를 반복했다. 그러면서 정이 들었다. 어느 날 누군가 이런 제안을 했다.

"우리 이렇게 따로 살지 말고 같이 살아볼까?"

그 생각은 2009년 봄에 현실이 됐다. 돈이 많아서 서울 한복판에 땅을 사고 집을 지은 것은 아니다. 뭉쳐 살고 싶은 마음이 컸다. 집이 완성되자 누군가 또 질문했다.

"근데 이렇게 같이 살면서 함께 있을 공간이 없는 것도 이상하잖아. 우리가 모여 사는 의미가 없어지는 거 아니야?"

그래서 만든 공간이 바로 책도 있고, 운동 시설도 있는 지하 일 층이다. 다큐멘터리 감독인 일 층 아빠는 샌드백을 갖다 놨다. 배우인 이 층 아빠는 연기 연습을 하는 공간을 만들었다. 그렇게 지하 일 층은 그야말로 다목적 공간이 됐다. 안 만들었으면 참 서운했을 뻔했다. 함께 산 지 햇수로 사 년째. 네 가정의 구성원들은 하루가

멀다고 이 공간에 모여든다. '겁나게 드나든다'고 말하는 게 맞을 정도로 발길이 잦다.

이들 가정의 독서 문화를 여실히 보여주는 것은 바로 이 공간이다. 지하 일 층을 빼놓고는 이들 가정의 책 문화를 말하기란 어렵다. 책이 있다고 엄숙한 도서관 분위기를 뿜어내는 공간은 아니다. 어른들은 일주일에 한 번 이상, 이 공간에 있는 긴 좌식 탁자 앞에 모여 술을 마신다. 아이들은 시도 때도 없이 몰려와 책을 본다. 뛰어놀기도 한다. 때로는 러닝머신 위에 올라가 달리기도 한다. 책이 있는 공간은 쓰는 사람에 따라 주점이 됐다가 운동장도 되고 도서관도 된다.

책을 모아둔 이 공간은 성미산마을에도 꽤 알려졌다. 꼭 네 가정의 아이들이 아니어도 성미산마을 아이들이 친구를 따라 찾는 일종의 쉼터다. 강석필 씨는 "이 공간이 어떻게 이용되는지 일 년 동안의 스케치가 대충 가능하다."라고 설명했다.

"매일 조금씩 다르지만 전체적으로 그림을 그려볼 수는 있어요. 연초에 네 가정의 아이들이 여기 모여 합동 세배를 합니다. 보름이 되면 마을 풍물패가 지신밟기를 하는데 행사를 한 다음에 여기 들러서 꽹과리를 치고 절을 하고 막걸리를 마시고 가죠. 그밖에 입학식, 크리스마스 시즌 때 모여서 축하하고 밤을 새워 노는 공간이기도 합니다. 책이 있으니까 일차적으로는 도서관 구실을

공동서가가 있는 다목적 공간.
네 가족은 여기서 책도 보고, 운동도
하고, 수다도 떤다.

하지만 넓게 봤을 때 저희 모두가 함께 모이는 의미를 다져주는 공간입니다."

지하 일 층에 꽂힌 책들은 각 가정에서 책 정리를 거쳐 지하로 내려왔다. 애초에 관심 분야가 비슷했고 책을 꽤 좋아했던 부부들은 결혼하고 가정을 꾸리면서 책을 정리할 일이 많았다. 서로 같은 책이 있는 경우도 꽤 있었다. 특히 같은 일을 하는 감독 부부와 배우 부부의 경우가 그랬다. 강석필 씨는 "우리는 하는 일이 비슷하고, 관심도 같으니까 결혼해서 보니 1/3 정도는 같은 책이었다."라고 했다. 홍형숙 씨는 "소싯적에는 정치 분야 책을 많이 읽었고 다큐 작업과 관련해서는 미학 관련 책을 자주 봤는데, 남편이 가진 책과 겹치는 건 버리기도 하고 어디 갖다 주는 등 기부도 참 많이 했다."라고 말한다. 고창석 씨 가정도 비슷하다. 부부 모두 배우이기 때문에 연극이론서나 희곡 관련 분야에서 서로 같은 책을 가진 것이 많았다. 대부분 대학 후배들에게 물려줬다.

이렇게 겹치는 책은 한 권만 남겨놓고 너무 오래된 책은 누굴 주기도 하면서 어떻게 보면 일차 책 정리가 됐다. 그 사이 아이들이 태어났다. 집에는 가정별로 부부의 관심 분야를 보여주는 책과 아이들이 좋아하는 책이 쌓여갔다. 지하 일 층 공동서가를 만든 다음부터 이 책 중 꽤 오래된 책은 지하에 둥지를 틀기 시작한다. 가정별로 한 번쯤 읽은 책이 공동서가로 내려오고, 공동서가에서도 오래된 책은 헌책방 등 어딘가로 또 보내지는 방식이다. 네 가정의 구성원이 한 번쯤 읽은 책이 내려오기 때문에 공동서가에 꽂힌 책은 분야별로, 대상 독자의 나이대별로 참 다양하다. 분류로 치면 그중 어린이 책이 가장 많다. 어릴 때 아이들이 봤던 그림책 종류는 지금은 다 정리했고, 초등학교 고학년과 중학생이 좋아하는 위인전, 만화책 시리즈 등이 공동서가에 가장 많이 꽂혀 있다.

이렇게 읽은 책을 한 공간, 공동서가에 꽂아둔 이유는 특별히 없다. 그냥 이미 읽은 오래된 책을 정리하고, 다른 사람도 읽어보게 하자는 뜻이었다. 별 뜻 없이 시작한 일인데 의외의 소득을 볼 때도 있었다. 서복경 씨는 "아이들이 학교 과제로 특정 책을 읽어야 하는데 그 책을 미리 사두지 못했을 경우, 공동서가 또는 네 집의 서가를 뒤지면 나올 확률이 높다."라고 했다.

무규칙 내추럴한 책 읽기를 말한다

애초에 목적을 갖고 공동서가를 만든 것이 아니듯 네 가정 구성원들이 책을 읽는 데는 특별한 목적이 없다. 읽어야 한다고 못 박아둔 책도 없고, 정해진 독서 규칙도 없다. 홍형숙 씨는 "개인적으로도 다독을 하거나 책을 체계적으로 읽는 게 아니라 자연스럽게 읽고 삶이나 일에 참고하는 스타일이고, 아이한테도 책 읽기에 관해서 특별한 제약이나 규칙을 정해주진 않는다."라고 했다.

"어떻게 보면 저희들 가정의 독서 문화는 자연스러워요. 어떤 걸 읽어보라는 말도 딱히 안 합니다. 제가 되게 재미있게 읽은 책은 이렇게 잘 보이는 곳에 둬요. '너희들 이거 봐라'가 아닙니다. 그냥 '야! 그거 진짜 재밌더라'라고 말합니다. 그렇게 읽은 책이 《완득이》(김려령, 창비)였죠. 세 가족이 돌려보고 낄낄거렸습니다."(홍형숙 씨)

"맞아요. 강요는 안 해요. 간접적으로는 말하죠. '책 안 읽으면 뉴런이 안 생긴다.' 이런 식으로요.(웃음)"(서복경 씨)

분방한 책 읽기 문화를 말해주는 대목이 만화를 허용한다는 점이다. 아이들은 공동서가가 있는 지하 일 층에 모여 각종 만화에 대한 정보를 나눈다. 누가 먼저 읽었느냐가 중요한 것은 아니다. 최근에 만화에서 어떤 캐릭터가 등장했는지에 관한 정보를 나누는 일이 많다. 고예원 양은 "요즘에는 신화 관련 만화를 많이 보고 정보도 나눈다."라고 했다.

부모들이 만화에 대해 인심을 발휘한 데는 부모 세대의 경험이 한몫했다. 홍형숙 씨는 "솔직히 우리도 어릴 때 만화 보는 걸 워낙 좋아하지 않았느냐?"라고 물었다.

"제 경우에는 고1 때 몸이 아파서 휴학하고 병원에 있었거든요. 병원에서 할 수 있는 일이 많지 않잖아요. 그때 우연히 한국소설을 많이 읽게 됐어요. 김동인, 김유정 작가의 책을 그때 봤었죠.

제가 문학소녀라서 그런 책들을 본 건 아니고요. 병원이라는 환경 때문에 책을 보게 된 건데 이상하게 우리나라 소설이 잘 읽히더라고요. 그리고 만화 잡지 〈보물섬〉도 즐겨 봤죠. 요즘 애들이 만화 캐릭터를 좋아하는 것처럼 저는 캔디를 좋아했어요. 캔디 그림을 그려서 독자투고를 한 다음, 다음 잡지에 나오나 안 나오나 무척 기다렸던 기억도 있습니다. 한 번 나왔었어요.(웃음)"

홍형숙 씨 말에 다른 부모들도 만화에 얽힌 기억을 소개하기 시작했다.

"저는 초등학교 때 백 점을 맞아오면 엄마가 캔디 만화책을 한 권, 한 권 사주셨었어요. 꽤 많이 모았지, 아마?(웃음)"(이정은 씨)

"대학교 1학년 때 《드래곤볼》이 유행했는데 룸메이트랑 밤새 읽었던 기억이 있어요. 만화는 안 좋은 걸로만 얘기하는데 요새 나오는 만화 중에는 어려운 정보를 쉽게 풀이해서 이해하도록 하는 것도 많던데요. 아들 이헌이는 만화를 보고 신화 속 인물들 이름과 사연을 줄줄이 외다시피 하더라고요."(강석필 씨)

때론 만화가 다른 책을 읽게 하는 구실도 만들어 줄 수 있다. 만화에 대해서만큼은 일종의 옵션을 걸어두는 가정도 있다. 서복경 씨네 집이다. 올해 중학생이 된 우성진 군은 한 달에 한 번 정도 엄마와 함께 서점에 가서 책을 산다. 초등학교 저학년 때는 엄마의 추천을 받았지만, 중요한 것은 본인이 볼 책을 직접 골랐다는 것이다. 지금은 노하우가 생겨서 역사책 중에서 한 권, SF 소설 중에서 한 권 정도 안배해 고른다. 엄마와 "글자로 된 책을 한 권 보면 만화책을 한 권 볼 수 있다."라고 약속했기 때문이다.

"서로 합의한 거죠. 아이가 독서력이 꽤 있어서 칠백 쪽 정도 되는 책을 읽거든요. 동서양 고전부터 수학이나 과학 관련 책까지 분야는 다양합니다. 그런 걸 한 권 보면, 만화를 볼 수 있는 겁니다. 근데 의외로 요즘 나오는 만화는 건전한 경우가 많아요. 요새 성진이가 《초한지》 만화를 보던데 이런 만화를 보면 아이들이 역사, 고사성어, 인물의 행적 등을 다 꿰더군요."

자유분방한 공동의 책 문화를 만들다

이날 네 가정의 부모는 공동서가가 있는 지하 일 층에서 회의를 했다. 남자아이들이 18세 옵션이 걸린 게임을 했는데, 이 문제를 어떻게 처리할 것이냐가 회의 주제였다. 네 가정에서 책 때문에 생기는 고민은 없다. 책을 왜 안 읽었느냐고 타박하는 일도 없다. 다만, 게임에 대한 고민이 책으로 전이되는 때는 있다. 서복경 씨는 "게임을 했을 때 게임을 한 만큼 축구를 하거나 책을 읽어야 한다는 옵션을 만들어두는 정도인데 그걸 어느 선에서 할 거냐는 협의를 할 때가 많다."라고 했다. 홍형숙 씨는 "게임이나 게임에 대한 시간 조

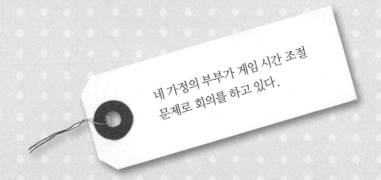

네 가정의 부부가 게임 시간 조절
문제로 회의를 하고 있다.

절 문제로 다툼이 생기긴 하지만 책 때문에 생기는 문제는 없다."라고 했다.

"남자아이들은 몸으로 하는 놀이에도 관심이 있고, 게임에도 관심이 있잖아요. 어떻게 보면 자연스럽죠. 재미로 따지면 즉흥적인 재미는 게임이 훨씬 더 크잖아요. 그래서 시간 조절 문제로 툴툴거리기도 하고, 시간을 늘리거나 줄이는 등 다시 조정하기도 합니다."

일부러 닮으려고 한 것은 아닌데 모든 가정이 비슷하게 실천하는 책 읽기 문화가 있기는 하다. 아이들이 잠들기 전, 책을 소리 내어 읽어주는 것이다. 책을 읽어줬던 데도 특별한 이유는 없었다. 모두 때가 되면 혼자 읽고, 혼자 잘 거라는 생각에 시작해봤는데 생각보다 꽤 오랫동안 실천하게 됐다.

"올해나 내년 정도면 지가 혼자 읽겠지, 하고 아기 때 자장가 불러주듯이 시작한 거예요. 특별한 의미는 없습니다."(홍형숙 씨)

"솔직히 책 자체가 어떨 땐 수면제 역할도 하잖아요.(웃음) 보통 그림책 다섯 페이지 정도 읽으면 쌔근쌔근 잠들죠. 아들 이헌이가 한참 좋아했던 그림책이 있었는데 그 책은 이상하게 반 권을 다 읽도록 안 자더라고요. 요새는 덜해졌는데 일 년 전까지만 해도 잠들기 전에 읽어줬었어요."(강석필 씨)

배우인 이정은 씨는 다른 가정의 엄마보다 상대적으로 노련하게 책을 읽어줘 부러움을 샀다.

"저는 딸 예원이가 어릴 때 글을 읽게 되는 순간을 얼마나 기다렸는지 몰라요. 저희 딸은 한 권 갖고는 절대 안 자는 아이였거든요.(웃음)"

엄마의 말에 딸 예원 양은 "다른 집 애들은 아직도 읽어준다는데 나도 읽어줘!"라고 어리광을 부려 모두를 웃게도 했다.

독서를 정의하지 않는 부모들이지만 독서에도 한 시절, 때가 있다는 것을 실감하는 요즘이다. 특히 요즘 부모들은 '양적 독서'가 아닌 '질적 독서'에 대한 목마름을 부쩍 느낀다. 강석필 씨는 "요새 느끼는 게 평생 책을 마음껏 즐기면서 푹 빠져 읽을 수 있는 시기가 생각만큼 길지 않더라는 것"이라고 했다.

"독서의 즐거움에 탐닉했던 때가 살아오면서 일이 년 정도밖에 안 되더라고요. 대학 들어가기 전까지야 공부하기 위해 의무적으로 읽은 거고요. 학교에 가서는 '빨간 책'을 주로 봤죠.(웃음) 그리고 나서 뭔가를 제대로 공부하고 싶다는 지적인 욕구가 충만했을 때 고전을 많이 읽었어요. 도스토옙스키 책이나 신화 관련 책이었죠. 그땐 책을 읽는 게 정말 즐거웠어요. 그러다 부모가 된 뒤로는 뭐랄까, 독서를 길게 하지 못하게 된 것 같아요. 편견 같지만 지금껏 살면서 심리적인 여유가 있는 때, 책에 흠뻑 빠질 수 있는 때는 얼마 안 됐던 것 같아요. 저는 화장실에서 책을 많이 읽는데 솔직히 띄엄띄엄 책을 읽게 되잖아요. 내용은 기억이 나지만 뭔가 몰입해서 읽었다는 느낌은 안 들죠."

서복경 씨도 공감하는 게 많다.

"저는 연구하고 강의하는 일을 하잖아요. 때론 책이 짐이 될 때가 있습니다. 얼른 읽고, 글을 쓰거나 강연을 해야 하니까 서문, 목차 등을 보고 포인트를 체크한 다음에 정말 속독합니다. 그럴 땐 독서가 참 공허하게 느껴져요. 반대로 좀 여유가 있을 때는 책을 한 쪽 읽어보고 십 분을 생각할 수가 있었어요. 생각하면서 그 행간이 이렇게 연결되는 건가? 이런 질문도 해봤죠. 그게 바로 읽는 재미에요. 아마도 그런 식의 '생각하는 책 읽기'는 예원이나 성진이 나이 때나 가능할 거예요. 그때가 좋은 거죠."

책에 빚지는 순간들

네 가정은 흔히 말하는 '다독형' 가정은 아니다. 책 만능주의자도 아니다. 하지만 책에 빚지고 산다는 생각을 할 때는 종종 있다. 나도 모르게 책을 통해 얻어간 선물이 있다는 얘기다. 홍형숙 씨는 "영화 제목을 지을 때 책의 도움을 많이 받았다."라고 했다.

"저는 작업하고, 직접적인 연관이 될 만한 책을 많이 읽어요. 예를 들어, 제목을 짓거나 다큐 주제에 대한 영감을 얻을 때 도움을 많이 받습니다. 요즘 성미산마을을 다룬 다큐멘터리 〈춤추는 숲〉을 준비 중인데요. 이 제목도 책의 한 구절에서 영감을 얻어서 만든 겁니다. 작년 초에 제인 구달Jane Goodal이 쓴 책을 읽었는데 그가 쓴 글 가운데 '숲은 빛이 춤추는 대지이자 사원이다.'라는 문장이 있었어요. 이 문장에서 '춤추는 숲'이란 이미지를 뽑아냈죠. 그 이전 작품들 중에서도 이렇게 책에서 빚져서 만든 제목이나 소재가 있었습니다."

배우인 고창석 씨한테는 책이 일 사이사이에 숨어 손을 내밀어 주는 친구이자 취미, 여가다. 책은 영화나 드라마 촬영 중 지루한 대기 시간을 함께 해주는 친구 역할을 제대로 한다.

"보통 촬영 현장이 컴컴하거든요. 제가 가장 많이 보는 텍스트는 대본이고, 그 다음에는 무협지?(웃음) 현장에서 싸인 들어가면 바로 움직여야 하니까 시간을 때우는 개념으로 책을 봅니다. 뭐 거창한 걸 얻으려고 책을 보는 게 아니니까 언제라도 끊고 갈 수 있는 책을 보죠. 종이책이 아니라 전자책을 이용한다는 점도 남들하고는 조금 다른 독서 성향입니다. 지금은 아이패드로 책을 봅니다. 아이패드 나오기 전에는 PDA로 봤어요. 이렇게 디지털 방식으로 책을 본 게 십 년이 다 됐네요."

"와! 진짜? 시대를 앞서가네. 얼리어답터잖아!"(모두)

관심사나 직업 등이 다양한 부모가 뭉친 덕분에 아이들의 독서에도 도움이 되는 점이 많다. 네 가정의 아이들에게 독서 행위는 단순히 읽는 행위 안에 머물지 않는다. 때로는 책과 연관된 다양한 활동이나 인접한 매체로 관심이 확장되기도 한다. 서복경 씨는 "함께 살며 도움을 받는 것 가운데 하나가 부모들이 서로 다른 분야에 있기 때문에 책과 인접한 다양한 문화를 체험한다는 것"이라고 했다. 특히 일 층은 다큐멘터리, 이 층은 연극과 영화를 하는 부모가 있어서 책과 관련한 영화나 연극 매체를 함께 보고 공유하는 일이 많다. 일례로 《완득이》 같은 책은 아이들 모두 소설과 연극으로 함께 본 작품이다. 책이 먼저인지, 영화나 연극이 먼저인지는 상관없다. 매체끼리 링크를 해줄 수 있다는 점에서 의미가 있다. 그 과정에서 아이들은 "책에서는 이 내용이 들어갔는데 영화에서는 이 내용이 사라졌다."는 등의 이야기도 나눈다.

서가가 말해주는 삶의 지향

공동서가에는 참 다양한 책이 모여 있지만 아무리 찾아봐도 찾기 힘든 분야의 책이 있다. 가족들은 서가를 둘러보면서 "자기계발서가 없는 것 같다."라고 입을 모았다. 서복경 씨는 "'우리 아이 등수를 몇 등 올려서 서울대 갔다'는 성공 위주의 책도 없고, 부동산이나 재테크 관련 책도 없을 거다."라며 웃었다. 고창석 씨는 "'죽기 전에 해야 할 몇 가지' 이런 것도 없는 것 같다."라고 덧붙였다. 정리하자면 세상이 말하는 '성공 지상주의' 그리고 '미래에 대한 불안감'을 자극하는 책은 없는 셈이다.

강석필 씨는 공동서가가 말해주는 특이점을 이렇게 정리했다.

"모두 성공하고 싶은 욕망이 없거나 이미 성공한 거라고 해야 하나?"

홍형숙 씨가 덧붙였다.

"세상이 말하는 성공과 저희가 생각하는 성공이 달라서 그런 거겠죠. 다른 사람과 상대적으로 봤을 때 성공했다고 느끼는 건 성공이 아니라고 생각해요. 자기만족이라고 해야 하나? 저 스스로 만족할 수 있는 삶이어야 성공한 삶인 거죠. 그런 점에서 세상이 말하는 성공 지향적인 책은 안 사는 것 같아요. 이런 생각이 분명히 아이들에게도 영향을 주겠죠."

네 가정은 독서에 얽힌 기억보다 책이 있는 공간에 얽힌 기억이 많았다. 책에 얽힌 공통된 사연을 떠올리다 누군가 몇 해 전 지하에 물이 들어왔던 때를 기억해냈다.

"누구나 일요일에는 퍼지고 싶잖아요. 근데 물이 들어오니까 일요일 날 쉬고 있다가 다 여기로 내려왔죠. 젖은 책을 정리하는데 누군가 그렇게 말하더군요. '그래도 이렇게 같이 사니까 이렇게 힘든 일도 넘어가는구나.'"(홍형숙 씨)

네 가정은 '대안 가족'이라는 말이 부담스럽다고 했다. 홍형숙 씨는 "그냥 애들을 같이 키우고 같이 늙어가는 거다."라고 했다. '함께' 늙고, '함께' 읽을 것이 있다는 데서 이들은 행복해 보였다. 고예원 양은 "이렇게 함께 나눠 읽으면 자기 책이 아니어도 돌려볼 수 있어서 좋고, 돈도 절약된다."라고 모여 읽는 것의 즐거움을 설명했다.

이들 가정을 만나고 오는 길, 들은 이야기들을 곱씹어보다가 '피식' 웃음이 났다. 공동서가를 쓰면서 좋은 점이 뭐냐는 질문에 누군가 재미있는 일화를 소개했다. 이들 가정이 한 공간에 모이면서 쌓이는 건 다양한 책만이 아니다. 사람 수가 많으므로 '살아 있는 지식인'도 많다고 했다. 무슨 말인고 하니, 아이들이 책을 읽다가 모르는 게 나와서 부모님께 물어봤을 때 답이 신통치 않으면 일 층부터 사 층까지 다른 집 부모나 아이들을 찾아가 물어볼 수도 있다는 얘기였다. 이 네 가정의 아이들이 자라서 이렇게 함께 모여 살던 시절을 생각하면 얼마나 많은 추억이 그려질까? 아니, 그 미래의 시간에도 이들은 한곳에 모여 함께 추억을 곱씹고 있을지도 모르겠다.

우리집 독서 비결

고정관념을 깨는 건너뛰며 읽기

우리는 흔히 책을 선형적으로 읽는다. 그렇게 순차적으로 읽어야 맥락을 이해할 수 있고, 논리적으로 사고할 수 있다고들 말한다. 그런데 책을 꼭 그렇게 차례로 읽어야 하는 것일까? 인터뷰 도중 홍형숙 씨는 재미있는 사례 하나를 얘기해줬다.

"아이들 숙제 중에 대출증을 만들어오는 게 있어서 시립도서 관인가를 가봤었어요. 근데 재미있는 게 써 있더군요. '어린이 독서 십계명'이었는데 첫 번째 말이 인상 깊었어요. '처음부터 끝까지 순서대로 읽지 않아도 좋다.' 자기 눈에 띄고 흥미로운 대목만 건너뛰고 읽어도 좋다는 거였죠. 저는 그게 굉장히 좋았어요. 일반적으로 책은 순서대로, 순차적으로 읽어야 한다고 생각하잖아요. 그런데 앞에 읽다가 중간에 내용이 지루해지면 이 중간을 건너뛰고 마지막을 봐야 하는 건가 싶기도 하잖아요. 하지만 왠지 순서를 안 지키는 것 같은 마음이 남아 있어서 쉽게 못 하죠."

홍 씨는 "이 말이 읽기에 대한 강박에서 해방감을 느끼게 해주는 것 같다."라고 했다. 책은 반드시 정자세로 앉아 왼쪽에서 오른쪽으로 책장을 넘기면서 순서대로 차근차근 읽어야 맛인 걸까? 때로는 아무 페이지나 펼쳐서 마음에 드는 그림이 있으면 읽고, 아니면 다른 페이지를 다시 펼쳐보고 문장 몇 줄만 읽고 넘어가면 안 되는 걸까? 때로는 그렇게 건너뛰며 읽기를 해보는 것도 좋겠다 싶었다. 참고로 홍 씨는 "십계명 중에 기억에 남는 게 또 하나 있다."라며 덧붙였다.

"'어린이는 읽고 싶지 않으면 읽지 않아도 된다!' 싫으면 안 읽어도 된다! 독서도 자유라는 의미였겠죠."

꿈으로 만든 책의 집

김수경 씨 가족

기부가 사회 이슈다. 예전에는 기부라고 하면 돈 좀 있는 소수 사람이나 하는 행위처럼 보였지만, 요즘은 기부가 아주 일상적이고 평범한 행동이 됐다. 책을 기증한다고 하면 어떨까? 으레 넉넉한 환경에서 사는 사람이 그동안 모아둔 책을 기증하는 것으로 생각할까? 꼭 그렇지만은 않다. 넉넉지 않지만 다른 소비를 조금 줄이더라도 책만큼은 열심히 사서 읽고 또 읽은 뒤 그것을 세상과 나눠보는 것이 꿈인 사람도 있다. 파주 광탄면에 사는 김수경(48) 씨 가정이 그 따뜻한 사연의 주인공이다.

책을 좋아하는 강원도 시골 출신 여자가 한 남자를 만나 책을 한 권, 두 권 사서 모았다. 모은 책을 태어난 세 딸에게 읽히고 동네 아이들에게도 나눠 읽히는 가운데 어느새 어린이 도서관이 탄생했다. 문화 소외 지역인 부부가 사는 동네에 유일한 문화시설이었다.

도서관에 있던 책은 얼마 전 파주시에서 운영하는 지역 아동센터로 옮겨졌다. 엄마는 모아둔 책을 기증하면서 이 센터의 운영을 책임지는 센터장이 됐다. 그동안 모은 책 삼천 권을 지역 아이들과 나눠 읽고 싶다는 엄마의 바람이 이뤄졌다.

돈 많은 자선사업가의 사연처럼 들리지만 사연의 주인공인 엄마는 평범한 주부다. 아빠는 영업직으로 일하는 평범한 직장인이다. 넓지 않은 빌라 반지층에 사는 이들은 세상의 기준으로 보면 절대 넉넉하지 않다. 하지만 행복하다. 엄마는 "일 층에 아이들이 놀 공간, 이 층에 도서관, 삼 층에 집을 짓고 살고 싶다는 꿈에 한 발짝 다가섰다."라고 즐거워한다. 그 사이 세 딸은 책이라고 하면 할 말이 많은 똘똘한 아이들로 자랐다. 엄마는 책을 통해 꿈을 이뤘다. 문득 이 엄마가 꿈을 이룬 사연을 더 들어보고 싶어졌다. 이 가족이 책을 읽는 이야기도 듣고 싶어졌다. 엄마 김수경 씨, 아빠 조현목(53) 씨, 큰딸 조정환(22) 씨, 둘째 조하영(20) 씨, 막내 조하은(12) 양을 만나봤다.

이게 다 삼중당문고 때문이야!

올해로 결혼 이십삼 년째. 김수경 씨와 조현목 씨 부부에게는 책에 얽힌 사연이 많다. 애초에 이들 부부를 맺어준 중요한 메신저도 책이었다. 어릴 때부터 책을 좋아했던 엄마는 연애 시절 남편의 자취방을 찾았다가 방 한구석에 놓아둔 책을 봤던 기억을 잊지 못한다. "이 사람이면 괜찮겠구나!"라는 소리를 하게 만들어준 것이 책이었다.

"남편이 혼자 살던 파주 고양동 집에 간 적이 있었어요. 방이 비좁았는데 퀴퀴한 냄새가 나더군요. 오래된 책에서 나는 냄새였죠. 방 한쪽에 책을 쌓아뒀더라고요. 삼중당문고 아시죠? 책을 좋아하는 사람이어서 저도 모르게 더 믿음이 갔습니다. 대학 다닐 때 철학서를 비롯한 책을 꽤 많이 읽었었다고 하더라고요."

엄마는 책을 좋아했지만 책과는 거리가 먼 환경에서 자랐다. 강원도 인제군 북면. '깡시골'에서 나고 자랐다. 가정환경은 어려웠고 형제는 많았다. 고등학교도 진학하기 어려운 형편 때문에 검정고시로 고등학교 졸업 자격을 얻었다. 대학도 합격했지만 마침 아버지가 병상에 누우면서 대학 아닌 직장을 선택해야 했다. 직장에 다니면서도 학업에 대한 미련이 떠나지 않았다. 방송통신대학에 입학해 독학으로 공부를 마쳤다. 엄마에게 책은 홀로 외롭게 공부할

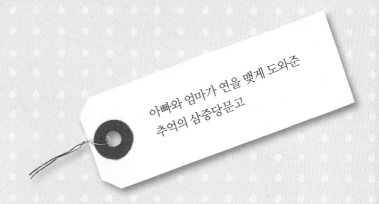

아빠와 엄마가 연을 맺게 도와준
추억의 삼중당문고

때 늘 곁에 있어준 유일한 스승이었다.

"남들은 학교에서 배운 걸 저는 책으로 혼자 배웠잖아요. 책이 유일한 선생님이었죠. 혼자 어렵게 공부하지 않았다면 지금처럼 책을 귀중하게 여기긴 어려웠을지 몰라요."

엄마 인생의 터닝포인트는 삼중당문고의 그 남자, 아빠와의 결혼이었다. 결혼 뒤 엄마는 책 사는 데 돈을 아끼지 않았다. 먹을 것, 입을 것을 사는 돈은 아껴도 책 사보는 데는 과소비도 서슴지 않았다. 넉넉한 형편은 아니었다. 남편은 흔히 말하는 대학 나온 남자였지만 먹고살기 쉬운 일을 하지는 않았다. 아버지의 대를 이어 밥상이나 테이블 등 상을 제작하는 일을 파주 인근에서 하고 있었다. 어려운 형편에 곡절도 많았다. 1998년도에는 파주 지역에 물난리가 나면서 살림살이가 물에 떠내려가기도 했다. 시련이 컸지만 가족을 생각하며 힘든 일도 마다치 않았던 아빠다. 그런 상황에서도 "책 따위는 왜 사보냐?"라는 소리 한마디 안 한 고마운 남편이었다.

아이들이 태어나고 한 권, 두 권 책을 사서 아이들에게 읽히는 일이 엄마에게는 큰 기쁨이었다. 자랄 때 읽어보지 못한 책을 아이들에게 읽히고 자신도 읽는다는 데서 오는 즐거움은 이루 말할 수 없었다.

"그동안 번 돈도 많지는 않았지만 그 많지 않은 돈마저 책을 사보는 데 다 썼어요.(웃음) 남편이 뭐라고는 안 하는데 가끔 책장에 꽂힌 책을 보면서 '저게 돈으로 치면 얼마야?'라고 농담은 해요.(웃음)"

방송통신대학에서 공부하고 성당을 통해 부모 교육을 받으면서 엄마는 배움에 눈뜨고 책 읽기에 대한 내공을 쌓기 시작했다. 그리고 아이들이 글을 스스로 읽게 될 즈음, 딸들 또래 동네 아이들을 모아 작게 공부방을 열었다. 이때부터 일 층에는 아이들이 놀 공간, 이 층에는 어린이 도서관, 삼 층에는 집을 꾸려 살고 싶다는 엄마의 꿈이 조금씩 현실이 되기 시작했다. 어느새 공부방은 작은 어린이 도서관이 되고 있었다. 어려운 일은 아니었다. 갖고 있던 어린이 책을 서로 나눠보면 되는 일이었다. 엄마에게는 누군가에게 꼭 필요한 책이 무엇인지를 알아보는 안목이 있었다.

"지금도 그렇지만 이 지역에 편부모 가정이 꽤 있었거든요. 그 친구들한테 공감이 갈 만한 그림책이나 동화 등을 종종 추천해줬어요. 뭔가를 읽는 행위 자체에 치유의 힘이 있다고 생각합니다."

엄마의 힘은 크다

책을 한 권, 두 권 모아오면서 형성된 이들 가정의 독서 문화는 동네로 개방되면서 지역의 여러 아이를 키우는 구실을 해왔다. 이 독서 문화의 중심축에는 엄마가 있다. 이 가정의 독서 문화에서 엄마의 힘은 절대적이다.

"텔레비전이요? 있는데 잘 안 나와요. 유선 연결을 안 했거든
요. 화면이 막 흔들리고 그렇죠, 뭐. 그래도 저희 둘은 상관 안 하
고 참 잘 봅니다."

아빠가 막내딸을 무릎에 앉히며 넉넉한 미소를 짓는다. 시선
은 엄마 김수경 씨를 향해 있다. 텔레비전 유선을 연결하지 않은 데
는 '엄마 눈치'가 한몫을 했다는 의미였다.

"비가 오는 날만 제대로 나와요. 일부러 그런 건 아닌데…….
제가 텔레비전을 안 좋아하니까 어찌하다 보니 이렇게 된 거죠."

김수경 씨가 멋쩍게 웃었다. 텔레비전이 있지만 없다시피 지낸
지 약 삼 년. 가족은 특별히 불만이 없다. 심심하지도 않다. 텔레비
전보다 재미있는 것이 있어서다. 모두 책을 읽고 노는 재미를 알아
버렸다. 다 엄마 덕분이었다.

많은 엄마가 자녀를 기르면서 읽던 책을 손에서 놓지만 김수경
씨는 그 반대였다. 가난 때문에 읽지 못했던 책을 결혼 후 아이를
기르면서 그제야 손에 잡게 됐다. 작정하고 읽어야 하는 어려운 책
이 아니었기 때문에 가능했던 일이었다. 엄마는 딸 또래 아이들이
좋아할 만한 어린이 책부터 손에 잡았다. '애들이나 보는 책'이라는
편견도 있지만 엄마에게 어린이 책은 웬만한 철학서 이상의 의미였
다. 그림 속에 숨은 상징적인 의미를 읽어내는 것만도 큰 공부였다.
아기에서 유아로, 유아에서 초등학생으로 커가는 딸의 심리를 읽

어내는 데도 중요한 단초를 제공했다. 책만 읽은 것은 아니다. 아이를 재워놓고 책도 읽고 글도 썼다. 큰딸 조정환 씨는 엄마가 책을 읽고 글을 쓰면서 남겨둔 육아 일기를 아직 기억한다.

"엄마가 육아 일기를 써둔 걸 본 적이 있어요. '아가야. 엄마가 책 많이 보고 공부 열심히 해서 장학금 타올게.' 그렇게 적혀 있었어요."

이 가정에서 책을 읽는 문화는 엄마에서부터 막내딸에게까지 일종의 유산처럼 물렸다. 큰딸 정환 씨가 읽은 책은 둘째 하영 씨가 읽었고, 하영 씨가 읽은 책은 막내 하은 양이 읽었다. 딸들이 한글을 제대로 읽기 시작하면서 각자의 취향대로 책을 직접 구입해서 읽는 문화가 자연스럽게 꽃을 피웠다. 가족에게 시내로 나가는 703번 버스를 타고 서울 광화문에 있는 대형 서점을 찾아가는 것은 일종의 문화생활이었다. 요즘은 오프라인 서점보다는 인터넷 서점을 자주 이용한다. 직접 가서 고르건, 인터넷을 이용하건 책을 살 때 과소비를 하게 된다. 가계 지출 내역 가운데 책 소비 내역이 큰 부분을 차지한다. 살림을 맡은 엄마가 책을 사보는 데는 넉넉한 인심을 발휘한 결과다.

엄마가 독서 문화의 중심에 있지만 그렇다고 책 읽기에 관한 특별한 법칙이 있는 것은 아니다. 의외로 가족들의 읽기 문화는 자유로웠다. 딸들이 어릴 때는 엄마가 읽는 책의 영향을 크게 받았다. 엄마가 읽는 그림책과 동화를 딸들도 이어 읽어갔다. 지금 엄마는 누구의 책 읽기 습관에 대해서도 큰 간섭을 하지 않는다. 가족 구성원 각자 지금 관심을 기울이는 분야는 뭔지, 고민은 뭔지, 읽고 있는 책은 뭔지를 파악하는 수준으로 정보를 공유하는 정도다. 자유분방한 분위기 자체가 특징이라면 특징이다.

민주적인 분위기 속에서 각자의 읽기 취향은 존중받는다. 그 속에서 세 딸과 아빠의 개성도 드러난다. 가장 흥미로운 점은 세 딸이 성격에 따라 읽을거리를 고르고 책에 정을 붙이는 이유도 각기 다르다는 점이다.

이 가정에서 아빠는 상대적으로 책을 덜 좋아하는 편에 속한다. 엄마가 책을 사오는 역할을 한다면 아빠는 딸들 곁에서 책을 소리 내 읽어주는 역할을 했다. 둘째 하영 씨는 지금도 아빠가 읽어주셨던 책을 기억한다.

"저희한테는 일종의 자장가였어요. 자기 전에 꼭 읽어주셨으니까요. 구연동화를 하듯이 목소리도 바꾸고, 모션도 재미있게 해서 읽어주셨죠."

딸들에게 책을 읽어준 것은 넉넉지 않은 환경에 미안한 마음이 들었던 아빠의 유일한 교육법이자 사랑 표현이기도 했다.

세 딸의 눈부신 성장기

가정의 독서 문화는 딸들을 스스로 성장하게 도왔다. 돈이 없어 다른 아이들처럼 사교육은 받지 못했지만 딸들은 과외 공부의 혜택을 누린 것 못지않게 성공했다. 딸들 가운데 엄마의 독서 성향을 가장 많이 닮은 큰딸 정환 씨는 책 덕분에 이룬 게 참 많았다. 아빠는 "고등학교 다닐 때 책만 읽던 큰딸이 답답했다."라고 고백했다.

"큰애 정환이가 줄곧 책만 읽고 다녔거든요. 이 녀석이 대학교에 안 갈 건가 싶어서 속상했었죠. 근데 어느 날부터 공부를 하더라고요. 그게 고3 시작할 때였지? 근데 성적이 급속도로 오르는 거예요. 제가 '네가 나보다 낫다. 나는 죽어라 공부만 했는데⋯⋯.' 그런 소리를 다 했다니까요. 성적이 잘 나오는 영역을 보면 언어 영역이었어요. 제 생각에는 어릴 때부터 책을 많이 읽어둬서 정환이 나름의 기초 실력이 길러진 것 같습니다. 의도한 건 아니지만 책을 많이 읽은 덕분에 대학 진학도 어렵지 않게 한 거죠."

정환 씨는 고2 때까지 공부를 손에서 놓고 지냈다. 어느 날 학교에서 나눠준 학교 홍보 팸플릿을 통해 해군사관학교를 알게 됐다. 환경이 어려웠던 터라 그 학교의 장학금 혜택이 유독 눈에 들어왔다. 하지만 상담 교사는 '너는 여기 못 간다'고 현실을 정확히 짚었다. 그때부터 마음을 먹고 시작한 공부다. 공부에 마음을 둔 뒤로 언어 영역만큼은 한 번도 성적이 떨어진 적이 없었다. 남들은 문제 풀 시간이 부족하다고 걱정했지만 평소 책을 많이 읽어둔 정환 씨에게 독해 지문은 그다지 어려운 텍스트가 아니었다.

바라는 것 없이 읽어둔 책의 효력을 본 사람은 정환 씨만이 아니다. 둘째 하영 씨도 진학을 준비하면서 '독서의 힘'을 제대로 느꼈다.

"저는 정시 농어촌전형으로 진학했거든요. 정시는 보통 수능 점수로 가잖아요. 지금 학교 외에는 다 낮은 학교를 썼는데 다른 곳은 다 떨어졌어요. 제가 수능을 망친 케이스인데 나머지 학교들은 모두 수능 점수만 반영했죠. 근데 지금 다니는 학교는 자기소개, 면접 등을 함께 봤어요. 자기소개서가 저만의 경쟁력이었던 거 같아요. 자기소개서를 쓸 때 다른 친구들은 뭘 쓸지 몰라서 난감해하는데 저는 성장 과정, 학과 지원 동기, 이때까지 했던 다양한 활동들을 맥락에 따라 정리하는 게 어렵지 않았어요. 어릴 때부터 책을 많이 읽었고, 엄마가 환경 관련 기자 활동 등 관련 체험도 많이 경험하게 해주셨거든요. 지금도 프레젠테이션 발표를 준비할 때 보면 남들보다 정리를 빨리해요. 사소하지만 책을 많이 읽어둔 게 이런 활동을 할 때 보이지 않게 다 영향을 준다고 생각해요."

막내 하은 양도 책에 얽힌 사연이 많다. 지금 다섯 가족 곁에는 식구가 한 명 더 있다. 강아지 '호빵이'다. 털은 하얗고 눈은 까매서 호빵이로 불리는 이 강아지를 집에 데려오기 위해 하은 양은 천 권의

다른 사람들과 책을 나눠 읽고 싶다는
엄마의 오랜 꿈을 이루게 해준 민들레
지역 아동센터

책을 읽었다.

"친구들이 애완견을 기르는 게 부러워서 엄마를 졸랐어요. 그랬더니 책 천 권을 읽으면 사주겠다고 하시더라고요. 그래서 읽기 시작해서 데려온 강아지예요."

엄마는 그 양을 다 읽으면 막내가 분명히 중학생이 돼 있을 것으로 생각했다. 예상은 빗나갔다. 초등학교 1학년 말 호빵이를 데려오려고 시작한 하은 양의 내기는 초등학교 2학년 겨울방학에 끝났다. 책이나 공부 등을 놓고 내기를 거는 것이 좋은 건지는 모르겠지만 가족 모두 재미있는 일화로 남겨졌다.

이렇게 딸들에게 읽는 일이 즐거워진 데는 환경적인 영향도 무시할 수 없었다. 파주 보광사 주변에 살 때부터 지금 사는 광탄면까지 가족이 사는 지역에는 아이들이 즐길만한 문화가 마땅치 않았다. 밤이 되면 동네는 칠흑같이 캄캄해졌다. 지금은 그나마 가게들이 조금씩 들어섰지만 큰딸이 어렸을 때는 이렇다 할 상점도 들어와 있지 않았다. 딸들은 흙을 만지고 놀거나 자전거를 탔다. 책을 읽는 일이 일종의 문화생활이 될 수밖에 없는 환경이었다. 정환 씨는 아직도 그 시절을 기억한다.

"어릴 때는 주변에 널린 게 책이었어요. 그때 보광사 쪽에 살았는데 그 동네에 아이가 넷밖에 없었거든요. 저랑 둘째 하영이랑 옆집 남자애, 저랑 나이 차이가 조금 나는 언니, 이렇게 넷이었죠.

1995년부터 1998년도 사이니까 도시 아이들은 컴퓨터를 한창 사용할 때죠. 컴퓨터가 있어서 자판 연습 등을 하긴 했지만 워낙 어릴 때부터 주변에 책이 많으니까 자연스럽게 책을 접했던 거 같아요. 책 외에 집중할 게 따로 없었죠. 엄마가 늘 읽고 계시니까 그것도 자연스럽게 닮아간 것 같습니다."

나눔의 미덕을 물려받다

이 가정의 독서 문화의 특·장점은 가정의 책과 책 문화가 가정 안에 머물지 않고 지역 사회로 개방되었다는 점이다. 엄마가 동네 아이들에게 나눠준 것은 책만이 아니다. 딸들은 책을 나눠줄 줄 아는 나눔의 미덕을 엄마에게 물려받았다.

정환 씨에게는 좋아하는 그림책을 지인들에게 선물하는 취미가 있다고 했다. 수능 시험이 끝난 뒤에도 고등학교에 찾아가 선생님들께 그림책을 한 권씩 선물했다. 지금도 친구에게 선물할 일이 생기면 큰 고민 안하고 서점에 들러 그림책을 고른다. 엄마가 물려준 취미다.

어릴 때 세 딸은 친구 생일잔치에 갈 때마다 책 선물을 하라고 책을 주는 엄마를 이해하지 못했다. 친구들은 반기지 않는 선물이었다. 하지만 엄마는 괘념치 않고 고집스럽게 책을 사서 챙겨 보냈다.

"다른 물건은 받고 나서 잠깐 좋고 말지만 책은 정말 오래 남잖아요. 안 읽더라도 서가에 꽂아두면 두고두고 그걸 준 사람 생각이 날 걸요."

큰딸은 이제 엄마의 말이 어떤 의미인지 안다.

정환 씨에게는 책이 미래의 꿈 지도를 그려주는 구실도 톡톡히 했다. 국문과에 진학한 정환 씨의 지금 장래 희망은 그림책 작가가 되는 것이다.

"그림책은 아이들이나 보는 것으로 생각하기 쉽잖아요. 하지만 그림책만큼 함축적으로 많은 의미를 담아낼 수 있는 책도 없습니다. 어른들이 볼 수 있는 그림책을 써보는 게 제 꿈입니다."

대학 시험을 치를 때 면접관 앞에서 했던 이야기다. 가정에 책 씨앗을 뿌린 엄마는 이제 어떤 꿈을 꿀까?

"'애들아! 엄마가 잘못했다.' 요즘 엄마가 이런 말씀을 자주 하세요. 아동심리 관련 책을 보시면서 '그때 아이들 심리가 이런 거였다는 걸 이제 알았다'고 저희한테 미안하다고 하시는 거죠.(웃음)"

하영 씨가 짓궂은 표정으로 엄마의 변화상을 소개했다. 엄마가 무슨 책을 읽느냐는 여전히 이 가족 문화에 큰 영향을 끼치고 있다. 사십 대 후반에 접어든 엄마의 손에 잡힌 분야는 다름 아닌 심리학책이다. 그림책, 동화, 소설, 역사책 등 여러 분야의 책이 엄마의 손을 거쳐 갔다. 최근에는 심리와 관련한 책에 유독 손이 간다.

쉰을 바라보는 엄마 나이에 자연스러운 과정이다.

"제가 서른여덟 살에 막내를 낳았거든요. 마흔 살이 되던 해에 남편이 수원 발안으로 일하러 다니게 되어서 주말부부가 됐죠. 그 시기가 저한테는 중년기 시작이었어요. 우울증이 찾아왔죠. 마침 제가 다니는 천주교 성당 살레시오 수녀원에서 부모 교육을 들었어요. 오이디푸스 콤플렉스, 꿈의 해석 등에 대해 공부했죠. 그러면서 제가 살아온 인생을 되돌아보게 되더군요. 제 경험에 비춰보면 이 나이 먹어서 제 자아를 찾으려고 공부하러 다니려면 만만치 않아요. 근데 책은 비교적 쉽게 저를 찾아주죠. 제 또래 엄마들은 책만 보면 잠이 온다고 하더라고요. 저는 적어도 그런 고민은 안 해요. 제 목표는 저뿐만 아니라 제 남편의 자아도 찾아주는 거예요. 그러니까 제가 추천한 책 꼭 읽어야 해요."

큰딸 정환 씨는 대학에 진학한 뒤 다른 가정의 문화를 살펴볼 기회가 많아졌다. 비교치가 생기면서 자신의 가정에 핀 독서 문화가 얼마나 가치 있는 문화였는지를 체감하는 요즘이다.

"대학에 와서 과외를 했었거든요. 보통 과외를 시킬 정도로 형편이 되는 가정에서는 성적을 무척 중요하게 여기죠. 부모님께서 아이들한테 책을 좀 읽으라는 이야기도 많이 하십니다. 근데 정작 엄마들이 읽는 걸 보여주신 적은 없어요. 아이들이 어떻게 되느냐는 부모님의 행동에 좌우되는 것 같아요. 근데 부모님은 오직 성적 이야기만 하시죠. 과외해서 아이들 성적도 올려봤는데 이상하게 즐겁지 않더라고요. 성적 올리는 법을 알려주기보다는 다른 걸 알려주고 싶다는 마음이 생겨서 그만뒀습니다. 어른은 쉽게 배우고 변할 수 있지만 아이들은 정말 천천히 배워가는 것 같아요. 제가 그런 경험을 하고 자라서 그런지 많은 엄마가 아이들한테 책을 많이, 자주 읽어주셨으면 좋겠어요."

김수경 씨 가족을 만나고 오는 길. 버스 정류장에 서서 꽁꽁 언 손을 코트 주머니에 넣었다. 사탕 두 알이 손에 잡혔다. 인터뷰를 마치고 민들레 지역 아동센터를 구경하러 갔던 길, 김 씨가 난방이 안 돼 춥다며 손에 쥐어준 사탕이었다. 사탕을 입에 물고 버스를 탔다. 고개를 돌려 버스로 온 길을 돌아봤다.

서점은커녕 문구점도 찾기 힘든 곳에서 책을 사 읽고, 모아온 김수경 씨는 이제 모은 걸 다른 사람들과 나눈다. 책 정리를 하는 엄마 김수경 씨의 모습에 "지인들에게 책 선물을 해줄 때의 기쁨이 특별하다."라고 말하던 큰딸 정환 씨 얼굴이 겹쳐졌다. 책을 나누려면 책이 있어야 하는 게 아니라 책을 나누는 기쁨을 알아야 되는 거구나, 싶다.

우리집 독서 비결

🍂 인터넷 소설과 만화는 정말 나쁜 걸까?

많은 부모가 여전히 '인터넷 소설과 만화는 교육적으로 좋은가
요?'라고 질문한다. 답은 솔직히 모르겠다. 김수경 씨는 여기에 대
해 꽤 명쾌한 답변을 들려줬다.

"흔히 인터넷 소설과 만화에 대한 편견이 있잖아요. 근데 저
는 이런 매체가 무조건 나쁘다고 생각하진 않아요."

이유는? 큰딸 정환 씨가 중학교에 들어갈 무렵, 외가에 갔다
가 사촌들을 통해 인터넷 소설과 만화를 접한 경험이 있다고 했
다. 아이 딴에는 재미있었는지 눈이 빨개지도록 읽었다고. '너무
지나친 거 아닐까?' 하는 걱정스러운 마음도 있었지만, 엄마는 일
단 그냥 두고 봤다. 두 달이 지나자 아이들은 스스로 인터넷 소설
에 관심을 끊었다. 만화도 마찬가지였다. 두 달 정도 반짝 관심을
기울이더니 스스로 만화를 손에서 내려놨다.

"엄마! 구성이 엉성하고 뻔해."

이미 일반적인 줄글로 이루어진 독서에 재미를 붙인 상태였
기 때문이다.

김 씨는 많은 부모가 특히 만화를 읽는 걸 걱정하는데 일반적
인 줄글로 된 책이 '밥'이면 우리가 흔히 말하는 만화는 '간식'이라

고 했다. 그래. 쌀밥만 먹으면 가끔 단맛 나는 빵도 먹고 싶다. 하지만 쌀밥 맛을 아는 한 간식만 먹지는 못한다. 일단 쌀밥 맛을 들여두면 간식이 주어져도 아이들은 다시 쌀밥을 달라고 할 것이다. 그렇게 생각하니 독서는 먹는 행위와도 닮은 구석이 많다. 어쨌든 인터넷 소설과 만화는 큰 죄가 없다!

이야기가 꽃피는 집

이원재 씨 가족

대부분 사람이 책을 사서 읽는다. 일단 시간의 제한도 없고, 읽으면서 밑줄을 긋거나 자신의 느낌을 여백에 메모할 수 있어서다. 하지만 꼭 책을 사서 읽어야만 할까. 책을 빌려서 읽는다고 재미나 감동이 덜한 것은 아니다. 이원재(41) 씨 가족은 주변에서 책을 많이 읽는 가정으로 통하고 있었다. 특히 책을 사지 않고 도서관 투어를 하며 빌려서만 읽는 가정으로 유명했다.

이 씨 가족은 이 씨와 부인 엄혜진(40) 씨, 딸 예담이(10)와 아들 예준이(4)가 있다. 경제 평론가인 아빠와 대학원에서 교육학을 공부하는 엄마. 그 사이에서 자라는 아이는 뭔가 특별히 비상한 부분이 있을까. 아무래도 부모의 영향도 많이 받고 교육 환경이 남다를 것 같다는 생각이 든다.

둘째 예준이가 잠든 가운데, 이 가족의 인터뷰는 처음부터 끝까지 정말 차분하게, 시간이 흐르는 줄 모르게 진행됐다. 서울 대방동에 있는 이 씨네 아파트에 들어서면, 거실에는 책과 장난감이 나란히 진열돼 있고 한가운데 식탁이 있다. 여느 집처럼 지극히 평범해 보였다. 하지만 이야기를 들을수록 뭔가 이 가족에게 빨려드는 느낌이었다. 아빠와 엄마는 조곤조곤 책에 관한 이야기들을 풀어나가고, 초등학교 3학년인 예담이는 옆에서 계속 추임새를 넣었다.

책을 사러 갔다가 빌리게 된 사연

연구직에서 근무하는 아빠는 원래 책과 떼려야 뗄 수 없는 관계다. 공부하는 엄마는 읽는 걸 좋아해서 글자로 된 건 무조건 다 읽는 편이다. 하지만 도서관과 친해지게 된 건 순전히 딸 예담이 덕분이었다. 2002년 아빠는 신문사에서 일하다 그만두고 미국으로 유학을 떠났다. 당시 그의 곁에는 부인과 백일 된 예담이도 함께 있었다.

부인 엄 씨는 아이와 처음 도서관에 가던 날을 떠올리며 말했다.

"유학을 가자마자 미국도 처음이고, 예담이도 첫 애라서 좀 막막했어요. 남편은 공부한다고 학교에 가고 저 혼자 시간을 어떻게 보내야 할지, 아이를 어떻게 키워야 할지 고민했죠. 그때 옆집 아주머니가 도서관에 가보라고 했어요. 말은 다 못 알아듣더라도 한두 시간은 때워지겠지 싶어서 일단 무작정 갔어요. 사람도 없고 외국 인이라 그런지 사서가 정말 잘해주더라고요."

도서관에서는 한 사람당 열다섯 권씩 대출할 수 있었다. 그는 아이랑 둘이 서른 권을 빌려 왔다. 그 뒤로 엄 씨와 예담이는 어린이 영어책과 디브이디를 빌리러 도서관에 자주 갔다. 당시 아이가 사오 개월밖에 안 돼서 영어를 가르치려 하기보다 그림을 보고 아이한테 설명하는 식이었다. 다행히 아이는 엄마의 이야기를 좋아해줬다.

그렇게 지내다 한국에 돌아와서 직장에 복귀하게 됐다. 아빠는 대기업 경제연구소에서 일하고 엄마는 같은 기업 교육사업부에서 일 했다. 이들은 직장 어린이집에 예담이를 맡겼다가 퇴근 후에 데리고 왔다. 계속 같이 지내다가 밤에 잠깐씩만 보니 예담이는 조금이라도 엄마랑 같이 있으려고 늦게까지 잠을 안 잤다. 밤에 딱히 할 수 있는 게 책 읽어주는 것밖에 없던 엄 씨는 밤마다 책을 읽어줬다.

한국 와서 초반에는 주중에 일하고 주말에는 집안일에 치여서 도서관 갈 시간도 없었다. 그가 도서관에 다니게 된 계기는 도서 구 매에 실패한 뒤부터였다.

"처음부터 책을 그냥 목적 없이 읽혔어요. 그러다 한 번은 아이 랑 서점에 가서 직원이 좋다고 추천해서 전집을 샀는데 나중에 후 회했어요. 그 당시 아이가 읽기에 책의 수준이 높아서 힘들어하더라고요. 그때 실패한 뒤로 멋모르고 사는 것보다 일단 아이한테 맞는 책을 좀 보고 사자고 생각했어요."

집이 도서관이 되다

이후 엄 씨는 아이와 도서관을 자주 다니게 됐다. 이 가족의 독서 문화의 특징인 '도서관 투어'는 이때부터 시작됐다. 도서관에서 책을 빌릴 때 가장 좋은 점은 책 가격에 대한 부담 없이 다양한 책을 취향대로 빌려볼 수 있는 것이다. 내 집안의 책을 계속 바꿀 수도 있다. 실제 예담이의 방을 구경하며 책장에 책이 많다고 생각했는데, 자세히 들여다보니 다 빌린 책들이었다. 거실 책장도 마찬가지였다. 스티커가 붙은 빌린 책들이 빼곡히 꽂혀 있다.

　엄 씨는 미국에서 도서관을 다니다 한국에 돌아와 바쁘고 위치상 가기가 힘들어 잘 안 가게 됐다. 그러다 지금 사는 동네로 이사를 왔다. 둘째 예준이가 어려서 자신이 예담이랑 잘 못 놀아주니까 책이라도 안겨줘야지 싶어서 도서관을 찾게 됐다. 가끔 도서관 특별 행사에도 참여했다. 이 얘기를 하자마자 예담이는 지금 다니는 도서관 이름을 손으로 꼽으며 줄줄 얘기했다. "책《강아지 똥》(권정생, 길벗어린이)의 그림 작가도 도서관에서 만났어요."라고 신이 나서 말했다.

예담이의 방 책장에 가지런히 꽂혀 있는
도서관에서 빌린 책들

엄 씨가 도서관을 찾는 건 무작정 책을 다 사기가 부담스러운 것도 있지만 도서관을 많이 활용하고 싶어서다.

"책을 사놓고 그냥 쌓아두면 아깝잖아요. 그래서 본전 생각에 아이한테 읽으라고 닦달하면 그게 아이한테 스트레스가 되고요."

예담이가 옆에서 거들고 나선다.

"저는요, 책을 매일 빌려다가 읽는데 어쩔 수 없이 내일 수업에 필요한 책을 미처 못 빌렸다 싶으면 살 때도 있긴 해요. 그런데 아이들은 모두 다 사와요. 왜 사는지 모르겠어요. 지금도 그래요. 저 빼고는 다 사와요."

엄마들은 선생님이 얘기하면 무조건 좋은 책이라고 생각하고, 숙제 때문에라도 그 책은 끝까지 다 읽을 것으로 생각해서 다 사준다. 엄 씨는 "솔직히 학교에서 보라는 책을 아이들이 안 읽을 때도 있고, 저라면 안 사줄 것 같은, 마음에 안 드는 책을 권할 때도 있어요. 그럴 바엔 그냥 빌려서 보자, 하게 된 거죠."라고 털어놨다.

그는 이왕 빌리러 가는 거 다른 책도 다양하게 보자 싶어서 자연스레 도서관 투어를 하게 됐다. 그 덕분에 각 도서관의 대출 한도를 쫙 꿰고 있다. 또한 일인당 빌릴 수 있는 도서가 한정돼 있으니까 가족 구성원마다 회원카드를 하나씩 만들었다. 예를 들어, 한 도서관에서 일인당 세 권을 빌릴 수 있으면 가족이 네 명이니까 묶어서 열두 권을 빌리는 식이다.

"본인이 얼마나 열심히 다니느냐에 따라 다 빌릴 수 있어요. 물론 모두 소화하기 힘들기도 하고 아이가 안 좋아할 수도 있으니까 빌리고 싶은 만큼만 빌려요. 다양한 책을 마음껏 볼 수 있다는 장점이 가장 커요."

그렇게 빌릴 수 있는 책이 최대 팔구십 권 정도다. 기본 대여기간인 두 주일에 대출 연기를 해서 최대 삼 주까지 읽을 수 있다. 삼 주마다 일곱 개의 도서관을 차로 돌아다니며 책을 빌려온다.

"마감 챙기기도 힘들어요. 그리고 아이들이 정말 좋아하는 시리즈는 사기도 해요."

본의 아니게 '도서관 전도사'가 된 엄 씨는 도서관의 여러 기능을 늘어놨다.

"제가 찾는 책이 없으면 같은 관할구에 있는 다른 도서관에서 끌어다 준다고 해요. 또 멀면 도서관에서 택배로 책을 보내주는 시스템도 있다고 하고요. 읽고 싶은 책이나 신간인데 없으면 사달라고 신청해서 보기도 해요."

거실에 만든 '가족 살롱'

보통 가족이 집에 다 같이 모이면 뭘 할까. 아빠와 엄마는 거실 텔레비전 앞에 있고, 아들은 자기 방에서 컴퓨터를 하고, 딸은 스마트폰을 들여다보는 모습이 떠오른다. 그렇다면 책을 즐겨 읽는 가족의 모습을 어떨까.

이 씨네 가족은 밥을 먹고 나면 거실의 식탁으로 모여든다. 거기서 각자 할 일을 한다.

"컴퓨터 책상이 안쪽 방에 하나 있고, 이곳이 우리 집의 유일한 책상이에요. 여기 앉아서 같이 있는 게 좋은 거 같아요. 같이 밥 먹고 책도 읽고. 엄마는 대학원 공부하고, 저는 전자책을 보거나 노트북 가져다가 작업하고, 애들도 그 옆에서 책을 읽고. 가족이 무슨 일을 할 때 다 여기 모여서 같이 해요."

엄마가 예준이와 함께 책을 읽으면, 예담이는 그 옆에서 숙제하고, 아빠도 그 옆에서 책을 본다. 또 누나가 책을 보면 궁금하기도 하고 재밌어 보이기도 하는지 예준이가 앞에 와서 유심히 들여다본다. 누구도 강요하는 사람은 없다. 서로 책을 읽고 차를 마시며 얘기도 하는 이 가족의 모습을 떠올리니 이 공간이 '가족 살롱' 같다는 생각이 든다. 이 공간에서 대부분 시간을 보내다 보니 자연스레 책도 쌓이고, 그만큼 가족의 추억도 쌓이게 된다.

이 씨는 "흔히 '밥상머리 교육'이 중요하다고 하잖아요. 그 이유가 같이 모여서 같이 이야기하는 시간이 없어서 그런 건데 꼭 밥을 먹으면서가 아니더라도 한 공간에서 같이 한다는 게 중요해요."라고 했다. 옆에 있던 예담이가 "무엇을!"이라고 외친다.

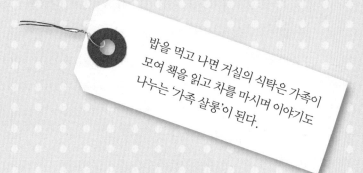

밥을 먹고 나면 거실의 식탁은 가족이
모여 책을 읽고 차를 마시며 이야기도
나누는 '가족 살롱'이 된다.

집 안에서 각자의 공간과 시간이 필요할 때도 있지만, 가족이 모여서 소통하는 공간과 시간도 필요하다. 하루에 얼굴 맞대고 가족과 제대로 대화하는 시간이 얼마나 될까. 거실에 가족 살롱을 만들어보자. 방법은 간단하다. 식탁을 놓고, 신문이나 책을 읽든 과제를 하거나 인터넷 서핑을 하든 온 가족이 모이면 된다. 풍부한 대화거리가 만들어지고 서로 생각하고 이해하는 시간이 될 것이다.

예담이 뿐만 아니라 아빠와 엄마도 평소 책을 많이 읽는다. 연구직에 근무하는 아빠는 평소 워낙 많은 책을 접하고, 실제 여러 권의 책을 쓴 저자이기도 하다. 그의 주변에는 경제·경영에 관련된 책이 항상 쌓여 있다. 이 씨는 "사실 저한테 오는 책만 해도 다 못 읽는 처지에요. 좀 대충 읽어서 내용을 파악하고 결론을 읽는 정도로 넘어가는 책도 있어요."라고 말했다. 그래서 쉴 때는 가볍게 읽을 수 있는 소설이나 《식객》 같은 만화를 본다. 엄 씨는 "남편은 킨들 같은 걸로 책을 많이 봐요. 자는 거 아니면 항상 책을 보고 있어요."라고 덧붙였다. 옆에 있던 이 씨도 "아내는 책이든 뭐든 '팩트'를 읽어요. 꼭 단행본 형태가 아니더라도 신문, 전단지, 홈페이지 글, 요리책 등 글을 통해 정보 습득을 하고, 뭐든 읽는 걸 좋아해요."라고 말했다.

가족 모두가 일상에서 독서를 즐기는 만큼 책에 대한 생각도 남다를 거 같다. 엄 씨는 책이 친구라고 생각한다.

"저는 책으로 간접경험을 하며 내가 알 수 있는 게 이렇게 많구나 하고 느껴요. 가끔 책을 읽고 나면 내가 주인공이 돼서 실제 다 한 것처럼 느껴져요.(웃음) 아이도 저처럼 책을 편하게, 즐겁게 대했으면 좋겠어요."

그는 아이가 책을 좋아하게 만들려면 일단 책으로 스트레스 주지 말아야 한다고 생각했다. 또 책을 많이 읽혀서 뭔가를 얻어내기보다 아이에게 친구를 하나 더 만들어주면 좋겠다는 생각으로 책을 소개해줬다.

엄마는 아이들이 악기나 스포츠를 배울 때도 마찬가지다. 항상 "재밌니?" "할 만해?"라고 묻는다.

"음악을 시키는 것도 나중에 전공을 시켜야겠다거나 상을 받아오라는 게 아니에요. 나중에 엄마가 없을 때 심심하면 이거 가지고 놀라고 시키는 거예요. 피겨를 배우면 나중에 스케이트 타러 갔을 때 더 재밌게 탈 수 있잖아요. 뭘 해도 본인이 스스로 원해서, 재밌게 할 수 있는 게 중요해요."

연주회나 콩쿠르도 아이가 원하는 경우에만 나가게 한다.

"책도 신문이나 텔레비전처럼 매체잖아요. 저는 책에 엄청난 지혜가 들어있으니까 많이 봐야 한다는 편은 아니에요. 실제로 멍하니 텔레비전을 보거나 인터넷 서핑을 할 때가 많잖아요. 책도 그럴 수 있다고 생각해요. 근데 그랬을 때 책이 부작용이 제일 덜하다고 생각해요. 다른 건 시간이 낭비되거나 이상한 콘텐츠를 접하면서 피곤해지거나 할 수 있는데 책은 그래도 그럴 위험이 적고 건질 만한 게 그나마 있다고 생각해요."

이 씨는 이렇게 이야기하면서, 직접 책을 쓰면서 느꼈다며 한 권의 책을 쓸 때 공을 많이 들이면 들일수록 사실관계나 질적인 면에서 좀 더 나을 수 있다고 덧붙였다.

책으로 한글을 깨우친 예담이

대부분 부모가 아이에게 책을 읽히기 위해 어릴 때부터 한글을 가르친다. 요즘은 서너 살 때부터 한글 학습지를 하는 아이들이 꽤 많다. 반면 예담이는 책을 읽으면서 스스로 한글을 깨우쳤다. 엄 씨는 그 당시를 떠올렸다.

"책에 글자가 정말 많잖아요. 예담이가 그림만 보다가 네 살 무렵에 글자를 알아보기 시작했어요. 책을 함께 읽다 우연히 '이게 '이'자야, 이예담의 '이'자.' 하고 그냥 넘어갔어요. 다른 글자는 안 가르쳐주고. 다음부터 '이'자를 가르치며 '이건 뭐지?' 하면 '이'라고 하고 거기 점을 붙이면 '아'인지 알고 읽더라고요. 제가 오히려 깜짝 놀랐어요. 마냥 신기했죠.(웃음)"

엄 씨는 곰곰이 생각하다 아이가 한 책을 백 번씩 읽으니까 어쩌면 외웠을지도 모르겠다고 여겼다.

"어떤 책은 너무 많이 읽어서 불을 끄고 제가 책 내용을 그대로 이야기해줬을 정도였으니까요. 아이들은 하루에 똑같은 책을 열 번 읽어도 볼 때마다 다 다른 걸 봐요. 오히려 제가 지겨워서 제발 그만하자고 해도 반복하고 싶어해요."

엄마와 아이가 책을 같이 읽으면 글씨 외에 다른 활동도 같이 하게 된다. 또 아이가 엄마와 계속 교감하니까 정서적으로도 좋다. 엄 씨는 책을 여러 번 읽어줄 때 관점을 다 다르게 해서 읽어줬다. 예를 들어, 비행기를 주제로 한 책을 볼 때 처음에는 비행기를 집중적으로 얘기한다. 아이가 다시 읽어달라고 하면, 그다음에는 비행기를 타러 가는 사람을 보고 그가 든 가방에 뭐가 있는지 주제를 달리해서 본다.

"책에 쓰인 스토리대로 글씨를 읽는 게 아니라 그림을 보고 자연스레 대화하면서 '왜 이럴까?' 하면서 놀이로 읽었어요. 아이가 지루할 틈이 없고, 똑같은 그림을 보면서도 이전에 말하지 않던 걸 찾아내서 얘기하기도 해요."

예담이는 다섯 살부터 혼자 책을 읽게 됐다. 엄 씨는 아이가 여섯 살까지는 다 읽어주고, 일곱 살부터는 아이가 원할 때만 읽어줬다.

"그쯤 되니까 제가 읽어주는 속도보다 아이가 눈으로 읽는 게 더 빨라져서 읽어주는 게 싫다고 할 때가 있었어요. 예담이가 '엄마, 나 혼자 보고 싶어.'라고 하면 그냥 뒀어요."

억지로 시키는 독후 활동, 책과 멀어지는 길

현재 대부분 학교에서 아이들의 독서를 장려하려고 독서와 관련한 활동을 벌이고 있다. 하지만 자발적이 아닌 억지로 시키는 독후 활동은 아이에게 부담만 갈 뿐이다. 어쩌면 책을 좋아하던 아이를 오히려 책과 멀어지게 할지도 모른다.

예담이는 이전까지 집에서 독후 활동을 따로 하지 않았는데 학교에 들어가면서 하게 됐다. 엄 씨의 말로는 형식만 조금씩 다를 뿐 다른 학교도 다 한다고 했다. 예담이네 학교는 일주일에 한 번씩 독서 일기를 쓰고 독서 목록을 적은 뒤 다양한 형식으로 독후감을 쓰게 했다. 예담이는 "2학년 때는 반에서 책을 제일 많이 읽어서 다독상도 받았어요. 하지만 일주일에 한 번씩 하는 독후 활동은 너무 지겨워요. 저는 독서 논술처럼 학년 권장 도서 읽고 글 쓰는 게 싫어요."라고 말했다.

엄 씨도 "학교에서 시키는 독후 활동이 장단점은 있겠죠. 하지만 아이는 읽는 게 좋은데 자꾸 글로 쓰라고 하니 힘들어해요. 또 자기가 좋아하는 책은 몇 번 가져와서 읽고 또 읽고 하는데 읽을 책을 정해주니까 흥미를 덜 느껴요."라고 덧붙였다. 엄 씨는 담임 선생님이 엄격하게 검사하는 경우에는 어쩔 수 없이 시키지만, 그렇지 않은 경우 아이가 원하지 않으면 하지 않아도 그냥 내버려둔다.

예담이가 1학년 2학기 때 근처 수녀원에서 진행하는 독서 프로그램에 참여한 적이 있다. 예담이는 그 말이 나오자마자 "너무 재밌었어요."라고 말했다. 엄 씨는 "거기 선생님들은 아이들에게 '이 내용이 뭐지?' '주인공이 뭐랬어?' '어떻게 했어?' 이렇게 묻지 말라고 해요. 아이가 그런 식으로 책을 읽을 나이가 아니라는 거예요. 다독할 나이지, 정독할 나이가 아니라는 의미였어요. 그러면서도 일주일에 한 권이면 족하다며 아이들이 책을 좋아하게 해야지, 공부가 되게 하면 안 된다고 말했어요." 라고 설명했다.

그는 그 의견에 충분이 공감하고 자신도 그 수업 방식이 맘에 들었다고 한다. 보통 2학년이 되면 엄마들은 아이들이 두꺼운 책을 보기를 원하는데, 그 수녀원은 주로 그림책으로 수업했다고 한다. 그리고 똑같은 글쓰기를 해도 꼭 책과 관련된 내용만 쓰지는 않았다. 아이들이랑 요리하면서 느낀 것 쓰기 등 최대한 아이들에게 부담을 주지 않는 범위에서 진행했다.

그는 사범대를 나와서 회사에 들어가서 교육사업부에 근무했었는데, 그 당시 '눈높이 교육'의 중요성을 깨달았다고 한다. 교육은 받는 사람 입장에서 내용을 구성해야 효과적이라는 것이다. 아이에게 책을 읽어줄 때도 마찬가지다. 아이가 좋아하고 흥미를 느끼는 책을 가지고 아이의 입장에서 함께 읽어야 한다.

작가 찾아 책 읽는, 취향 분명한 아이

문득 아이들이 좋아하고 공감하는 책은 어떤 책일까 궁금해졌다. 단순히 그림이 화려하고 내용이 재미있다고 계속 찾아 읽지는 않을 터. 예담이는 독특하게도 작가를 보고 책을 빌린다. 엄 씨는 아이들이 좋아하는 캐릭터가 있다고 하면 그 캐릭터를 그린 사람의 다른 책을 빌려다 줬다. 그러다 보니 아이들에게도 취향이 생겨서 좋아하는 그림책 작가가 몇 있다. 그분의 책은 다 섭렵했다. 아빠 이 씨는 "그게 어떻게 보면 어른이 소설 고를 때랑 비슷한 것 같아요. 책을 고를 때 좋아하는 작가가 있으면 그분의 책들을 찾아서 읽잖아요."라고 말했다.

예담이는 이영진 작가의 그림책을 좋아한다. 또 고정욱 작가한테도 꽂혔다. 예담이는 "그냥 재밌어요."라고 말했다. 고정욱 작가는 예담이가 학교 도서관에서 《가방 들어 주는 아이》(사계절)란 책을 읽고 마음에 든다고 얼마 전 동네 도서관에 가서 그분 책만 다 빌려 왔다고 한다. 이 씨는 "아이가 몇 번 빌려 오기에 얘기해준 적은 있어요. 이 작가는 지체장애인인데, 형편이 어렵거나 차별을 받아 불평등한 처우를 받는 내용을 담은 책을 많이 쓴다고 설명해줬어요."라고 했다. 차별이 나쁘다는 것을 가르치기 위해 일부러 그에 관한 책을 빌리지도 않았는데, 아이가 좋아하는 작가의 책을 보는 것만으로 아이들 인성 교육을 따로 하지 않아도 될 거 같다는 생각이 든다.

예담이의 여가 활동이 자연스레 책으로 연결되기도 한다. 공부와 관련된 사교육을 전혀 하지 않는 예담이는 예체능을 좋아해서 수영, 피겨, 발레, 바이올린 등을 배웠다. 예담이는 그 중 피아노에 흥미를 느끼며 열심히 배우는 중이다. 우연히 알게 된 네 손가락의 피아니스트 이희아 양이 쓴 책을 수십 번 빌려다 봤다. 아이들은 자신이 좋아하고 읽어서 흥미로운 책은 몇 번이고 다시 본다. 그리고 볼 때마다 다른 걸 느끼고, 새로운 걸 알게 된다.

아무 책이나 다 빌려도, 만화는 마음대로 못 본다

엄 씨가 책을 빌릴 때 한 가지 원칙이 있다. 아이의 취향대로 마음껏 빌리되, 만화는 아무 만화나 못 빌린다. 옆에 있던 예담이는 "엄마가 먼저 쭉 보고 내용이 괜찮다고 하는 만화만 볼 수 있어요."라고 말했다. 엄 씨가 이렇게 하는 데에는 이유가 있다.

"만화도 작품성 있는 건 괜찮아요. 근데 전에 애가 보고 있는 만화책을 한번 봤어요. 정말 이야기 전개도 엉성하고 사실관계도 다른 내용이 너무 많더라고요. 부모가 아이들이 이런 만화를 읽는 걸 알면 얼마나 화가 날까 싶으면서, 이런 만화는 절대 보여주면 안 되겠다 싶었어요."

만화라고 무조건 안 된다기보다는 좋은 작가들의 만화만 함께 읽는다. 이희재나 허영만 같은 작가의 책은 아빠가 학교 도서관에 가서 빌려 와 예담이도 다 읽었다. 그는 책도 아무 책이나 보게 하고 싶지는 않다고 한다. 이왕 읽는 거 괜찮은 책을 읽게 해주고 싶어서 아이 혼자 도서관에 갈 경우에는 빌려 온 책의 출판사나 작가를 한번 확인해본다. 이 씨도 아내의 의견에 동의했다.

"만화와 동화를 보는 것은 의미가 완전히 다른 거 같아요. 학습만화는 학습의 또 다른 수단으로 지식을 외우게 하는 것이 목적이죠. 어릴 때는 그것보다는 서사가 좋은 걸 보는 게 좋은 거 같아요. 우리가 어릴 때 본 책의 내용을 기억하기보다는 그때 익혔던 논리력이나 감성이 우리에게 보이지 않게 체화되는 것일 텐데, 아이들도 마찬가지죠."

엄 씨는 도서관에 가면 아이들이 다 만화를 보고 있는데, 엄마들이 말리기는커녕 옆에서 같이 보고 있어서 속상하다고 했다.

"요즘엔 다 학습만화라고 포장돼 있는데, 저는 그게 어느 정도까지 학습일까 싶어요. 오히려 좋지 않은 행실이나 언어가 너무 많이 나와서 애들을 버려놓는 것 같아요. 아이들은 아직 그걸 구분하는 눈이 모자라니까 옆에서 봐주는 편이에요."

그는 좋은 만화를 찾아서 보여주면서 나쁜 만화를 봤을 때 '아이가 이건 아니다'라고 스스로 판단할 수 있게 될 때까지 거들 생각이다. 다행히 예담이는 학습만화를 별로 안 좋아한다.

"수요일 격주로 재량 시간에 학교 도서관에 가는데 아이들은 전부 학습만화를 보고 저만 《식객》을 봐요. 저도 애들이 보는 학습만화를 본 적이 있는데, 재미없더라고요. 오히려 《비빔툰》, 《짱뚱이》(오진희, 파랑새어린이)가 훨씬 재밌어요."

인터뷰 일등 공신 예담이

인터뷰를 마치고 나오면서 예담이의 모습을 하나하나 곱씹었다. 그날의 인터뷰 일등 공신은 예담이었다. 엄마, 아빠가 인터뷰하면서 말하는 책을 계속 가져와서 모두의 이해를 도왔다. 자신이 좋아하는 책, 읽었던 책, 학교 독후 활동 노트 등을 끊임없이 보여주고 적극적으로 설명해줬다. 무조건 끼어드는 게 아니라, 누군가의 말이 다 끝나길 기다렸다가 "저 뭐 하나만 얘기해도 될까요?"라고 말했다. 갑작스러운 질문에 생각이 안 나서 미처 말하지 못한 내용을 한참 뒤에 "아까 했던 질문 중에 할 말이 생각났는데요……."하면서 말을 잇기도 했다. 엄마 아빠에게 던진 질문이라도 옆에서 다 듣고 얘기가 끝나면 덧붙이거나 정정하기도 했다.

　모든 부모가 아이가 바르게 자라고 행복하기를 바란다. 그래서 아이에게 뭔가 하나라도 더 해주려고 한다. 하지만 부모의 바람이 지나치면 오히려 아이를 힘들게 할 수 있다. 아이를 기준으로 하는 것이 아니라 자신의 기준에 맞추어 아이에게 하나라도 더 해주려고 하는 것은 결국 부모의 '욕심'에 불과하다. 책도 마찬가지다. '아이를 위한다'며 엄마의 취향대로 고른 책을 사서 쌓아둔다. 하지만 그게 아이에게는 오히려 짐이 되거나 부작용을 일으킬 수도 있다.

　그런데 이 가족에게는 '억지스러움'이 아닌 '자연스러움'이 배어나왔다. 인터뷰할 때도 상대의 말을 중간에 자르지 않고, 서로의 의견을 존중하는 모습이었다. 얘기를 듣는 내내 온 가족이 모여 책 읽는 모습이 자연스레 떠오르며, 책과 참 잘 어울리는 가족이라는 생각이 들었다.

　이 가족에게 책이 전부는 아니지만, 이들은 책의 힘을 알고 있었다. 책은 새로운 걸 알아가는 즐거움과 동시에 내 삶에 변화를 줄 수도 있다. 이 부부는 아이와 책을 읽으며 서로 즐거워하고, 아이가 하루하루 다르게 변하는 걸 느끼고 있다. 아빠와 엄마는 무엇보다 예담이와 예준이가 재밌고 건강하게 살길 바란다. 책은 아이들이 그런 삶을 사는 데 밑바탕이 되어줄 것이다.

독서쇼핑 하는 남자네 집

최영민 씨 가족

보통 다독가는 책과 관련된 직업을 가졌거나 책을 좋아해서 많이 읽는 사람인 경우가 많다. 또 아빠가 책을 많이 읽으면 가족에게 영향을 미쳐 엄마나 아이들도 책을 많이 볼 거라고 생각한다.

최영민(42) 씨는 평소 책에 푹 빠져 지낸다. 책을 많이 사고, 그만큼 많이 읽는다. 하지만 현재 전업주부인 그의 아내 이주영(37) 씨와 일곱 살 난 아들 린이는 책을 많이 읽지 않는다. 흔히 책 읽는 아빠라면 아이에게 책도 읽어주고, 부인에게 책을 함께 읽고 이야기 나누기를 권유할 것 같다. 하지만 그는 자신은 독서광이면서도 가족에게 책 읽기를 절대 강요하지 않는다. 최 씨네 가족만의 독특한 분위기 때문이다.

최 씨네 가족은 모두가 독서를 즐기지는 않지만, 책을 통해 소통하고 그들만의 가족 문화를 만들어가고 있다. 그는 단순히 책을 읽는 것보다 책을 읽고 난 후가 중요하다고 말한다. 이 가족에게 책은 아빠나 남편을 뺏는 애물단지일까? 아니면 자신도 모르는 사이 아빠에게 체화된 책에 물들어 긍정적 변화를 불러일으킨 선물 같은 존재일까? 최 씨네 가족을 만나 책을 어떻게 읽는지, 그 가족에게 책이 어떤 영향을 미치는지 들어봤다.

독서쇼핑을 즐기는 남자

북서울 숲 앞 한강이 내려다보이는 아파트. 들어서자마자 거실의 탁 트인 전망이 시원해 보인다. 책장과 텔레비전이 나란히 자리 잡고 있다. 베란다를 없애고 대신 놓은 식탁이 눈에 띈다.

IT미디어 분야에서 일하는 최영민 씨는 얼마 전 책장 정리를 했다. 일 년 전부터 시작해 벌써 십여 차례에 걸친 정리였다. 한때 그는 책장이 열다섯 개까지 늘어나 이사를 갈 뻔한 적도 있었다. 그가 정리를 시작한 것은 마음의 짐 때문이었다.

"다 읽지도 못하고 책을 쌓아두기만 하다 어느 날 마음에 압박감이 왔어요. 마치 논문을 써야 하는데 그냥 버티고 있는 것처럼."

정리하면서 인터넷 중고서점에 판매한 것만 해도 판매가 기준으로 천만 원이 넘을 정도였다.

최 씨네 책이 늘어나게 된 건 출판계 지인이 많아서 받은 것도 있지만, 무엇보다 최 씨 자신이 독서쇼핑을 즐겨서다. 그는 매달 십만 원 어치의 책을 산다. 그리고 한 달에 일고여덟 권 정도의 책을 읽는다. 최 씨가 책 정리를 하는 것도 계속해서 책을 사기 위한 이유가 크다. 그는 토요일 아침이면 네 개 일간지의 책 섹션을 살펴서 신간 추천 글이나 서평을 보고 읽고 싶은 책을 메모한다. 지난 일주일 간 지인을 통해 들었던 관심 있는 책 목록도 함께.

"그렇다고 무턱대고 정리된 목록의 책을 바로 사지는 않아요. 한두 주 지난 후에도 그 책이 내 마음에 끌리면 사요. 바로바로 사면 조금 지나 관심 없는 책을 쌓아두게 되더라고요."

그런데도 꾸준히 책을 사는 이유는 재미있기 때문이다.

"여자들이 쇼핑몰 둘러보며 맘에 드는 옷을 사는 것과 마찬가지로 책 섹션을 보고 골라 사는 재미가 꽤 쏠쏠합니다. 안 읽은 책은 팔거나 남한테 선물로 선심을 써도 되고요."

그는 만 원으로 누군가에게 가치 있는 선물을 할 때 책만 한 것이 없다고 말했다.

"예전 학생 때는 대부분 책이나 시디CD를 선물했는데, 지금은 달라졌죠. 기념일이나 생일에 핸드백 사줄 거 아니면 책이 최고라고 생각해요. 받는 사람도 가치 있게 생각하구요."

읽고 쓰며 가족과 소통하다

이렇게 책을 좋아하는 남자지만 아내에게 독서를 강요하지는 않는다. 물론 가끔 괜찮은 책은 추천하곤 한다. 최근에 추천한 책을 물어보자 부인 이 씨가 대신 답했다.

"《정리의 마법》(곤도 마리에, 더난)이란 책을 추천해줬어요. 이 책을 보고 옷장에 쌓여 있는 옷을 정리하라는 의미인 거 같아요.(웃음)"

최 씨는 이 책이 책장을 정리하는 데 큰 도움을 줬다고 했다.

"저자가 정리 컨설턴트라고 나오는데, 이걸 읽으면서 당연히 아줌마라고 생각했어요. 근데 얼마 전 인터뷰 기사를 보니 스물일곱 살 여성이어서 깜짝 놀랐어요."

그는 이 책을 읽으며 많은 것을 공감했다고 말했다.

"여기서 말하는 정리의 기준은 딱 하나에요. 설레지 않는 건 버리라는 거죠. 뭔가 딱 집었을 때 설레지 않으면 앞으로 안 쓸 확률이 백 퍼센트라고. 옷장에서 옷을 꺼내 들었을 때나 책장에서 책을 집었을 때도 마찬가지죠."

그가 아내에게 책을 권하지 않는 것은 집안 분위기 탓도 있다. 이들 부부는 지난 십 년 동안 서로에게 어떤 강요도 하지 않고 살아왔다. '타인에게 강요하지 않는다'는 부인 이 씨 집안의 가풍이 영향을 미친 것이다. 이들은 "인생에 머스트must는 없다."라고 입을 모아 얘기했다.

"성인이잖아요. 말한다고 변하지 않아요. 이래야 한다, 저래야 한다는 것이 없어서 다투지 않아요. 그렇다고 관심이 없는 건 아니에요. 어느 가정보다 대화량은 많다고 생각해요."

이 씨는 "제가 회사 내부 사정을 신입사원보다 더 많이 알고 있어요."라고 말했다. 최근에는 안 하지만 최 씨는 결혼하고 육칠 년 때까지는 인터넷에 카페를 만들고 아내만 볼 수 있는 일기를 썼다.

"예를 들어 퇴근하고 와서 피곤하면 회사 얘기 안 하고 싶을 때가 있잖아요. 그러면 아내는 제 일기를 보고 어떤 일로 스트레스를 받고 어떤 일로 기뻐하고 누구를 만나 무슨 수다를 떨었는지 굳이 말하지 않아도 다 알아요. 저의 일상을 공유하는 거죠. 물론 공유가 목적은 아니었고, 그냥 저는 제 일기를 쓰는데 아내가 언제라도 볼 수 있도록 열어놓은 거죠. 그러면 아내가 댓글도 달고."

그는 부부만의 공간이 서로의 삶에 대한 이해를 통해 대화를 만들어내는 촉진제 역할을 한다고 했다.

"제 일상을 아내가 알고 있으니까 제가 뭐 때문에 힘들어하는지 공감해줄 수 있어서 좋고, 아내도 남편이 이래서 요즘 피곤한가 보다 이해할 수 있으니까 서로 짜증을 얹어주지 않죠. 제 바람은 아내도 쓰는 거였지만, 그녀는 그런 성격이 아니라서."

부인 이 씨는 로펌에서 지적재산권 분야를 다루다 사 년 전 아이가 생기면서 일을 그만두고 전업주부가 됐다. 최 씨는 결혼 후 가장 즐거웠던 시간 중 하나가 부인이 직장을 다니던 때라고 얘기했다. 당시 최 씨가 먼저 주 오일제를 시작하고, 부인 이 씨는 격주로 주 오일제 근무를 하던 때였다.

"토요일 아침에 아내를 따라나가 회사 앞 스타벅스에서 함께 브런치를 하고 아내가 출근하면 거기서 기다리면서 네 시간 정도 책을 읽었어요. 그런 식으로 아내를 기다리며 일주일에 한 권씩 일 년 정도를 읽었죠. 나중에 그걸 모아서 '스타벅스의 토요일'이란 책을 내볼까 생각했었는데, 어때요? 책 제목 괜찮죠?(웃음)"

이에 부인 이 씨는 "머지않아 저도 주 오 일 근무하게 되면서 갈 일이 없어졌는데, 남편이 무척 아쉬워하더라고요."라며 당시를 회상했다.

세상을 이해하기 위해 읽는 책

최 씨는 아내와 마찬가지로 아들에게도 책 읽기를 강요하지 않는다. 린이가 책을 접한 것은 아주 어릴 때부터다. 장모님이 두 살 때까지 린이를 키워주셨는데 그때 책을 많이 읽어주셨다.

"돌 이전에는 아이를 안고 있을 때가 많으니까 같이 놀아주는 게 안고 책을 읽어주는 거였죠."

그렇다고 특정 분야 책을, 억지로 붙잡고 읽어주지는 않으셨다고 한다. 외할머니를 통해 자연스레 책을 접하게 된 린이는 요즘도 책을 읽는다. 특히 엄마가 책을 읽어줄 때가 많다.

"글씨는 읽을 줄 아는데 내용을 이해하면서 읽는 게 아니라 글자 자체를 읽는 수준이에요. 어릴 때는 촉감책이나 전자책, 소리 나는 책 위주로 봤어요. 물고기 하면 물고기 비늘 모양이 있고 개나 고양이 털이 진짜 붙어 있어서 아이가 신기해하더라고요."

지금은 손을 잡고 서점에 가서 아이가 고르는 책을 사준다.

"아이의 수준이랑 안 맞아도 그냥 다 사주는 편이에요. 요즘 아이는 과학 분야를 좋아해서 그쪽 책을 많이 사주고 있어요. 주로 밤에 읽어주는데 글씨가 많아서 힘들 때도 있어요.(웃음)"

요즘 부모들은 너무 일찍 한글 공부를 시킨다. 이 부부는 책을 읽히기 위해 따로 한글을 가르쳤다기보다 울며 겨자 먹기로 한글을 가르쳤다. 린이가 유치원에서 언어 활동을 하는데 혼자 모르면 자신감이 떨어질까 봐 걱정스러웠기 때문이다. 린이가 혼자 책을 읽기 시작하면서 좋은 점도 생겼다. 아이가 책을 읽을 동안 옆에서 부부는 만화를 보며 키득거리는 것이다. 이 가족은 무슨 책을 읽느냐보다 '함께' 책을 읽으면서 시간을 보내고 소통하는 것이 중요하다.

부인 이 씨는 책을 많이 읽지 않는다. 그는 "인터뷰한다고 해서 우리가 독서 가족도 아닌데, 걱정되긴 했어요.(웃음)"라며 "저는 소설이나 만화책 위주로 가끔 읽어요."라고 말했다. 그는 아이 덕분에 오히려 요즘 책을 많이 읽게 됐다. 린이가 서너 살 때는 하루 스무 권씩 읽어줄 때가 있었다. 하지만 요즘에는 본인이 읽어주기를 원할 때만 읽어준다. 인터뷰 도중에도 최 씨가 말하는 동안 린이는 엄마를 끌고 가서 책을 읽어달라고 했다.

"책을 읽는 것도 자신과 자신이 사는 세상, 타인에 대한 이해를 위해서죠. 교육적인 관점에서 봤을 때 세상은 빨리 변하는데 아이가 피아노나 운동에 관심 있느냐가 중요한 게 아니라 세상 변화에 대한 적응력과 타인과의 관계 능력을 가졌느냐가 중요해요. 이를 위해서는 타인의 관심사와 세상의 관심사를 이해하는 게 필수에요. 친구들은 뽀로로를 좋아하는데 책 좋아하는 애로 키우겠다고 그걸 못 보게 하면 활자 중심의 지식이나 지혜는 늘어날지 몰라도 타인과의 관계 능력 면에서는 오히려 부족해지거나 편협해질 수 있다고 생각해요."

보통 책 읽기를 즐기는 집은 텔레비전을 멀리하는 경향이 있다. 아예 거실에 텔레비전을 치우고 그 자리에 책장을 들여놓기도 한다. 그런 면에서 이 집은 좀 독특하다. 한참 영상에 빠져있을 일곱 살 린이가 있지만, 거실에 책장과 텔레비전이 나란히 있다. 최씨는 책이나 영상을 통해 얻는 사회적 경험과 지적 경험이 조화를 이뤄야 한다고 얘기한다. 책이 다른 매체보다 우월하다고 생각하지는 않았다. 오히려 책 자체가 다른 매체보다 우월하다고 하는 것은 대단히 제한된 사고라고 강조했다.

아동학을 전공한 아내 이 씨도 이에 공감한다.

"제가 볼 때 아이들은 책이 더 좋다거나 영상이 더 좋다거나 하는 무조건적인 호불호를 갖고 있지 않아요. 자기가 호기심이 생기면 텔레비전을 끄고 책을 보겠다고 할 때도 있어요."

그는 모든 학습은 제 나이가 되면 제때 알아서 한다는 적기 교육을 실천하려 노력 중이다. 모든 건 다 때가 있다는 의미다.

"주변에서 너무 빨리 교육을 하니까 다른 아이에게 뒤처질까 걱정은 되지만, 억지로 하고 싶지는 않아요. 아이가 원할 때, 원하는 만큼 해주려고 해요."

그러면서 그는 예전에 봤던 책 읽기에 관한 텔레비전 다큐 얘기를 덧붙였다. 그에 따르면, 아이가 책을 읽는 것을 좋아한다고 하니까 부모가 독서 쪽으로만 강화했다. 하지만 실제 알고 보니, 아이는 정말 책을 좋아하는 것이 아니라 자기가 책을 읽으면 엄마, 아빠가 좋아하는 것을 보고 그쪽으로 더 하려는 거였다. 그러다 보니 아이가 독서 외에 다른 분야는 부족하고 관계 능력이 제한되는 상황이 일어났다. 주위에도 그런 부모가 많을 텐데, 한 번쯤 곱씹어 봐야 할 내용이다.

최 씨는 요즘 부모들이 아이가 책을 읽으면 공부를 잘하는 것

마냥 좋아하는 게 안타깝다고 했다.

"공부라는 게 타인과 소통하면서 느끼고 배우는 것도 있잖아요. 학습이란 건 다양한 측면에서 효과가 일어나는 거지, 책을 통해서만 일어나는 건 아니에요. 학습을 '한다', '안 한다'에 신경 쓰기보다는 어떤 일을 할 때 '절제와 균형'이 무엇인지 알게 해주고 싶어요."

그는 또한 다음과 같은 말을 덧붙였다.

"우리 아이가 누구와도 친밀하게 지내고 누군가와도 위로와 격려를 주고받을 수 있는 게 중요하지, 조금 더 아는 게 중요하지는 않더라고요. 제 인생 경험을 통해 깨달은 거예요. 저도 책 읽는 걸 좋아해서 애들과 어울릴 시간에 책만 보며 살아왔는데, 내가 혼자 책을 읽으면서 지식을 습득하기만 하는 것보다 나중에 내가 모르는 것을 알려줄 수 있는 친구를 두는 게 더 낫더라고요."

그에게 책은 세상을 이해하고 삶을 풍성하게 해주었다.

"세상을 이해하는 방법은 많다고 생각을 해요. 텔레비전도 있고, SNS도 있고……. 하지만 책은 세상을 깊이 이해하는 데 있어서 다른 매체보다 강해요. 다양성과 깊이, 이게 책이 가진 매력이죠. 삶에 대한 철학을 정립하고 세상을 통찰하며 나에 대해 깊이 있게 반추하며 과거와 현재를 연결하는 것은 아직 책만 한 것이 없는 것 같아요."

직장의 독서 경영에 큰 영향을 받다

그가 처음 책을 접하게 된 것은 초등학교 때다. 부모가 맞벌이다 보니, 여동생이랑 둘이 집에 있는 경우가 많았다. 그 당시 어머니가 사주신 것은 주로 전집이었다.

"그 당시 출판사에서 돌아다니며 서민에게 십이 개월 할부로 책을 팔았어요. 대백과 사전에 딸려오는 책으로 망원경이랑 전집 다섯 개가 한 세트였어요. 가장 기억에 남는 건 셜록 홈스가 주인공인 추리소설인데, 너무 많이 읽어서 커서 탐정이 되겠다는 꿈을 꾸기도 했죠."

그렇게 꾸준히 책을 읽다 대학교 3학년 때 군대를 갔다 온 뒤 겨울방학이었다. 취직 전 앞으로 인생을 어떻게 살까 고민하다 책을 찾게 됐다. 그렇게 아침에 만 원 들고 나와서 두 권씩 사서 읽은 책은 아직도 책장에 꽂혀 있다.

"처음에 《장정일의 독서 일기》(범우사)를 봤는데, 읽을 만한 책이 많더라고요. 물론 인문이나 문학 쪽이 많았지만 꽤 다양한 책들을 읽게 됐어요."

책 속에 소개된 다른 책을 하나둘씩 찾아보고, 친했던 사람들을 만나면 '요즘 무슨 책 읽느냐'고 물어 두루두루 읽었다. 최 씨는 그 당시 읽었던 책이 삶의 지평을 많이 넓혀줬다고 했다.

4학년이 되고 그는 한 대기업의 인턴에 지원하게 됐다. 평소 그 기업은 인생의 가치관을 많이 묻는 것으로 유명했는데, 자기소개서 분량만 해도 열 장이 넘을 정도였다. 서류를 통과해 면접을 보게 됐다. "책을 많이 읽어서 무슨 질문을 해도 내 생각을 망설임 없이 대답했는데, 그 덕분에 붙은 것 같다."라고 당시를 회상하는 최 씨. 그는 시간이 지나고 나니 인생에서 몰입해서 책을 읽는 시기가 별로 길지 않다는 사실을 깨달았다고 했다.

"결혼하면 더더욱 그렇고 일하느라 맘 편히 책만 볼 시간은 사실 많지 않아요. 인생에서 한 번쯤 책에 푹 빠져 볼 시간을 갖는 게 중요한데 말이죠."

다행히 그는 회사에 들어가서도 책을 꾸준히 읽을 수 있었다. 최 씨가 인턴을 거쳐 입사한 그 회사가 독서를 강권하는 '독서 경영 회사'였기 때문이다. 월급의 십 퍼센트는 책을 사야 한다는 지침이 있을 정도로 독서를 강조했다.

"평소에는 독서 캠페인이나 사내 독서 대회를 열고, 여름에는 독서 휴가도 있었고요."

이 회사의 독특한 경영은 회장의 뜻이었다. 아파서 병원에 누워 있던 회장은 할 게 독서밖에 없었는데, 그것을 경영 방침으로 정리해서 기업을 성공적으로 일궈냈다. 그는 특히 같은 책을 함께 읽으면 같은 마인드를 가지게 된다고 생각해 자신의 경영 마인드에 대한 책을 직원들이 모두 읽고 공감하도록 권유했다.

그가 독후 활동에 대한 구체적인 생각을 하게 된 것도 그쯤이었다. 회사에서는 평소 책을 읽고 '본깨적'이라는 노트를 쓰게 했다. 책을 '보고 깨달은 내용을 적는 것'이다. 최 씨는 독후감을 쓸때도 책 내용을 막연하게 읽고 끝나는 게 아니라 읽은 느낌을 정리해서 자신의 삶에 반드시 적용하도록 했다고 설명했다.

"책을 보고 '영어 공부를 해야겠다'고 생각하는 것에서 끝나는게 아니라 구체적인 결심을 꼭 쓰게 돼 있었어요. 영어 학원을 끊어서 바로 내 스케줄에 적용하도록. 보통 책을 읽고 '그렇구나' 하고 넘어가는 경우가 많은데, 구체적인 행동 플랜으로 이어지는 게 중요하다는 걸 강조한 거죠."

그는 이후 IT미디어 회사로 옮겨 뉴미디어 전략기획팀에서 일한다. 하지만 그 습관은 현재까지 이어지고 있다.

독서 일기를 쓰다

최 씨는 대학교 1학년 때부터 일기를 쓰기 시작했다. 일기라지만 어떤 관점에 대해 질문을 던져서 스스로 답하는 형식으로 쓰기도 하고 책을 읽고 난 후 독후감 형식으로 쓰기도 했다. 그는 책 읽는 것을 좋아했지만, 책 내용을 뭔가 생산적으로 적용할 수 없으면 독서 자체에 대해 회의가 왔다. 독서가 사색적이고 관조적인 상태에만 머무르거나 타인을 비난하거나 비판하는 도구만 되는 것 같았다. 자신의 삶에 체화되지 않으면 큰 의미를 찾을 수 없고, 더는 책을 읽는 것이 학습 동기가 되지 못했다.

"책을 많이 읽는 사람은 책 읽는 행위 자체에 너무 몰두해서 다음 책으로 빨리 넘어가기에 급급해지기가 쉬워요. 나도 책을 좋아해봐서 아는데, 그렇게 읽으면 인지하는 것에서 멈추고 내 것으로 넘어오지 않는 경우가 많아요. 오히려 책이나 지식에 욕심이 있는 사람들이 다음 책으로 넘어가는 걸 좋아해요. 얼마만큼 읽었다는 것, 어떤 작가의 책들을 다 읽었다는 것이 중요해서."

그래서 그는 동기 부여가 안 되면 독서를 멈춘다.

"내 삶에서 뭔가 구체적인 행동으로 움직여지지 않고 머리에만 있으면 어느 날 더는 읽을 필요가 없다는 생각이 들어요."

그는 요즘도 일기를 쓴다. 어떤 사건이 일어나면 스마트폰이나 컴퓨터를 이용해서 바로 적는다. 그는 독서가 일기를 쓰는 데 많은 도움이 된다고 했다.

"일기라는 게 내 관심과 행동에 대해 적는 건데, 책을 읽으면서 사회를 바라보는 관점도 풍부해지고 행동이 변하기 때문에 영향을 미치죠. 또 일기의 상당수는 어떤 책을 읽어야겠다는 내용이 많아요. 신문에서 보거나 타인에게 권유를 받은 책 내용을 정리한 것도 있고요."

실제 그의 책장에는 그동안 써왔던 일기를 묶은 여러 권의 책이 꽂혀 있었다. 이십 년 동안 두 달에 한 권씩 제본해 만든 것이다. 연도별로 정리해서 권마다 제목도 지어서 가족이 언제든지 볼 수 있도록 두었다. 요즘에는 PDF 파일로 만들어서 아이패드에 넣고 생각날 때마다 이북e-book처럼 읽는다. 지금 엄마가 그런 것처럼, 아이가 커서 아빠의 일기를 읽으면서 아빠가 살아온 삶을 이해하게 될 것이다.

그는 책을 읽는 데에만 그치면 오래 못 읽는다고 생각한다. 글쓰기가 병행돼야 독서가 오래가지, 아니면 학습 동기가 제한된다는 의미에서다. 일기를 쓰든 블로그에 쓰든 책을 쓰든 독서를 글쓰기와 연결 지어서 하는 게 중요하다고 말한다.

책은 읽는 게 아니라 체화하는 것이다

그는 책 이야기를 하는 중간 중간 책장에 꽂혀 있던 책을 가져와 보여줬다. 들춰보니 책 앞장에 쓰인 메모가 눈에 띄었다. 그는 책을 읽고 가장 기억에 남는 말을 한 문장 정도로 쓰고, 읽은 날짜와 장소를 쓴다고 했다.

"제가 책을 좋아하지만, 책이 전부라고 생각하지는 않아요."

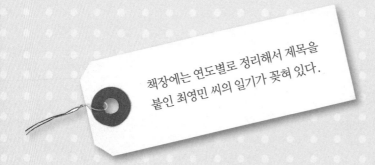

책장에는 연도별로 정리해서 제목을
붙인 최영민 씨의 일기가 꽂혀 있다.

그에게 책은 '읽는' 게 아니라 '사는' 것이었다. 한 번 읽고 마는, 읽는 동안 잠깐 생각하는 것이 아니라 자신의 삶 속에 체화돼서 느끼고 살아가는 것이었다.

최 씨는 다른 일들처럼 독서에도 사랑이 필요하다고 했다. 공부라는 관점에서 독서를 사랑의 대상으로 보면, 그 속에 비전이 있어야 하고 그래야 꾸준히 할 수 있다는 의미다. 사랑은 억지로 누가 시킨다고 되는 게 아니다. 독서도 마찬가지다. 끊임없는 동기 부여가 중요하다. 책으로 인생을 살아가는 그. 몇 년 뒤 만날 그의 모습은 오늘과 많이 달라져 있을 것이다.

인터뷰가 끝나고 집을 나서려는 순간, 최 씨가 두 권의 책을 내밀었다.

"취향을 몰라서 그냥 제가 나름 고른 겁니다."

그는 가볍게 읽을 수 있는 소설 《은행원 니시키 씨의 행방》(이케이도 준, 미디어2.0)과 자신이 영향을 많이 받았다고 얘기했던 묵직한 내용의 책 《누가 사람이냐》(아브라함 요수아 헤셸, 한국기독교연구소)를 선물했다. 책에 대한 남다른 애착을 보인 그가 준 책이라 더 궁금했다. 특히 재밌게 읽을 수 있는 책과 생각할 거리를 던져주는 책을 같이 선물하는, 상대에 대한 배려도 느껴졌다. 자신이 책을 통해 사람을 이해하고 세상과 소통했던 것처럼, 남들도 삶을 살아가는 데 그 책이 도움이 됐으면 하는 그의 마음이 함께 전해졌다.

우리집 독서 비결

🐟 책을 들고 밖으로 나가보라

책을 읽을 때 어떤 책을 읽느냐 하는 것만큼이나 책을 읽는 시간
과 장소도 중요하다. 그렇다면 책을 읽는 데 최적의 장소는 어디일
까? 집에서 책을 보려다가 나도 모르게 켜둔 텔레비전에 빠져들
거나 갑자기 어질러진 책상이 심란해 정리하며 시간을 다 보내는
경우가 많다.

최 씨는 토요일 아침에 책을 싸들고 집을 나간다. 조용한 서
재와 전망 좋은 거실의 식탁을 두고 말이다. 부인 이주영 씨는 "남
편이 가끔 책 읽는다고 토요일 아침에 나가요. 그렇게 카페에 가
서 서너 시간 있다 들어와요."라고 말했다.

최 씨는 "가정을 꾸린 뒤에도 남자나 여자나 자기 시간이 필
요하다고 생각해요. 특히 저는 혼자만의 책 읽는 시간이 꼭 있어
야 한다고 봐요. 일주일에 적어도 서너 시간 정도, 책 한 권을 읽을
정도의 시간 말이죠."라고 말했다.

부인 이 씨가 덧붙였다.

"저보고도 항상 책을 싸들고 카페에 나가라고 해요. 집에 있
으면 눈에 밟히는 게 많아서 사실 제대로 못 읽잖아요. 이것저것
집안일 하다 보면 아이 올 시간이 되니까. 그래서 책이랑 노트북

들고 갔다 오라고 자꾸 부추겨요."

　카페는 음악도 나오고, 사람들의 이야기소리 때문에 시끄러운 경우가 많다. 책을 읽으려 해도 집중이 안 될 것 같다고 하자, 최 씨는 중요한 건 장소가 아니라고 했다. 다른 일 말고 책 자체에 빠져들 수 있는 마음가짐이 필요하다. 집에 할 일이 쌓여 있다면, 잠시 접어두고 책을 들고 밖으로 나가보자. 조용한 도서관이든 한적한 공원이든 시끄러운 카페든 상관없다. 오로지 책과 함께 시간을 보낼 수 있는, 자신만의 장소를 찾아보자.

아빠와 딸이 친구가 되는 집

황수대 씨 가족

"대한민국에 사는 사십 대 아빠와 십 대 딸의 모습을 그려보세요."

이런 질문 앞에서 사람들은 어떤 그림을 그릴까? 화장에 파마까지 하고 몰래 나갔다 들어온 딸을 혼내는 아빠의 모습? 사춘기가 지나자 아빠와의 거리감이 더 커져 어색한 대화만 나누는 딸의 모습? 이 정도면 그래도 애정이 있는 관계를 그린 셈이다. 아이를 명문대에 보내려면 할아버지의 재력, 아빠의 무관심, 엄마의 정보력이 필수라고 말하는 세상이다. 이 말에 따르면 우리나라 가정에서 아빠의 자리는 점점 힘을 잃어간다.

요즘의 분위기로 치면 황수대(47) 씨는 다른 세계에서 온 아빠 같다. 황 씨는 십 대 딸이 요즘 어떤 곳에 관심이 있는지, 어떤 활동을 하는지를 잘 아는 아빠다. 딸이 어떤 읽을거리에 관심을 보이는지도 안다. 아빠의 외사랑은 아니다. 딸 황가현(17) 양도 황 씨한테 관심이 많은 건 마찬가지다.

딸의 유년 시절 황 씨는 다니던 회사를 관두고 어린이 도서관을 차리는 모험을 했다. 직장에 다니는 아내 김수왕(41) 씨가 든든한 지원군 구실을 해줬다. 지금 황 씨는 아동문학 평론가로 일하고, 김 씨는 건강보험공단에서 일하는 평범한 직장인이다. 맨땅에 헤딩하듯 시작한 일을 딸은 옆에서 함께 지켜봤다. 황 양은 도서관에서 책을 놓고 다양한 놀이를 하며 자랐다.

이 가정의 책 이야기가 궁금했던 이유는 책에 얽힌 아빠와 딸의 사연을 더 들어보고 싶어서였다. 아빠와 책을 놓고 즐거운 경험을 해왔던 딸은 어떻게 컸을까? 엄마와 동생도 책을 좋아할까? 지금은 아동문학 평론가로 일하는 황 씨의 다음 말이 이 가정의 독서 문화를 더욱 궁금하게 했다.

"저는 책과 관련한 일을 하지만 책이 만능은 아니라고 생각합니다."

대전시에 사는 아빠 황수대 씨와 엄마 김수왕 씨, 딸 황가현 양, 아들 황범식(14) 군을 만나본 이유다.

사춘기 딸이 초경을 시작하다

대전시 중구 용두동에 있는 단독주택의 이 층에 사는 네 가족. 아니 알고 보니 다섯 가족이었다. 황수대 씨 가정을 방문한 날, 이 가정의 가족 구성원이 한 사람 더 있다는 걸 알았다. 황수대 씨의 어머니이자 김수왕 씨의 시어머니, 황가현 양과 황범식 군의 할머니.

"어머니 머리 하러 가시는 것 같았는데……."

알고 보니 할머니는 '머리 손질'을 핑계로 손님이 이야기 나누기 편하게 잠시 자리를 비워주신 거였다.

이렇게 이 가정에는 꽤 다양한 세대가 산다. 다양한 세대가 함께 사는 이 가정에서 책을 많이 좋아하는 사람은 셋이었다. 아빠와 엄마 그리고 딸. 세 사람이 즐겨 보는 책은 두 방에 있는 서가에 꽂혀 있었다. 이 가정의 서가를 보면서 꽂힌 책의 분야가 참 다양하다는 느낌을 받았다.

황 씨 부부가 쓰는 방에는 문학 관련 도서와 사회과학 관련 도서 등이 꽂혀 있다. 학창 시절에 문학 동아리 활동을 하면서 서로 알게 됐던 부부는 문학도였던 만큼 문학 관련 책을 많이 모았다. 평론을 하는 황 씨는 작품 보는 눈을 넓혀주는 철학, 사회과학 도서를 비롯해 '잡식성'이라고 할 만큼 여러 장르의 책에 관심이 많다. 직장 생활을 하는 김 씨는 예전과 비교할 때 사회과학 관련 책에 부쩍 관심이 많아졌다. 요즘엔 예술 관련 책에도 손이 간다. 일을 하다 보니 한 번에 완독하기는 어렵다. 머리맡에 두고, 매일 조금씩 읽는 게 김 씨의 독서 습관이다.

서가가 있는 또 하나의 방. 황가현 양이 쓰는 방이다. 이 방에는 어린 시절, 황가현 양과 황범식 군이 즐겨봤던 그림책부터 소설, 인문 관련 책까지 지금껏 성장하면서 읽은 책들이 빼곡하게 꽂혀 있었다. 한쪽에는 시사, 영화 분야의 잡지를 차곡차곡 세워둔 것도 보였다.

황 씨가 운을 뗐다.

"딸을 보면 요즘 관심에 따라서 손에 쥐는 책도 다른 것 같습니다. 한동안은 소설을 참 많이 봤는데 또 바뀌더라고요. 언제부턴가는 영화 시나리오, 희곡 관련 책을 많이 보더군요. 진중권 씨, 홍세화 씨가 쓴 칼럼집에도 관심이 많고요."

이 가정 독서 문화의 큰 특징은 책 앞에서 세대를 초월한 대화가 오간다는 점에 있었다. 각자 다양한 분야의 책에 관심을 두는만큼 대화의 주제는 폭이 넓다.

"요즘 이 책 읽었는데 괜찮더라. 너도 읽어 봐."

책 앞에서 부모와 자녀는 평범한 독자, 같은 처지다. 황 양은 "요즘엔 종종 엄마 반응을 보고 엄마한테 추천받아서 책을 고른다."라고 했다. 황 씨는 '어른이라도 모든 부분에서 아이보다 우위

위 / 황가현 양은 요즘 엄마에게
추천받아서 책을 고른다.
아래 / 황수대 씨 가족은 책 덕분에
아빠와 딸이 친구처럼 대화한다.

에 있는 건 아니다'라는 생각을 하고 있었다.

"너희 진짜 이렇게 생활하니?"

딸이 사춘기였을 때 황 씨는 청소년 소설을 읽고 이런 질문을 건넨 적이 있다. 책에서 비롯된 질문은 대화로 이어지고, 대화는 소통로를 마련한다. 덕분에 황 씨의 딸은 다른 집 딸들이 느끼는 아빠와의 거리감이 없어 보였다.

딸이 초경을 시작했을 때, 그 사실을 제일 먼저 알게 된 것도 황 씨였다. 아빠와 엄마, 딸은 초경과 관련한 청소년 소설을 함께 읽고 이야기를 나눴다.

"요즘 부모와 자식 사이에 소통이 어렵다는 이야기를 많이 하잖아요. 근데 책을 중간에 놓고 이야기를 나누면 정말 허심탄회하게 말할 기회가 주어져요. 책이 있어서 대화를 나눌 끈이 생기는 거죠. 책은 대화의 물꼬를 터주고, 소통의 매개 구실을 하는 거지 그것 자체가 목적이나 주인은 아니라고 생각합니다."

아이들과 책이 보고 싶어 직업을 바꾸다

황 씨가 이런 생각을 하게 된 데는 황가현 양과 황범식 군이 어린아이였던 시절, 아빠의 '선택'이 중요한 구실을 했다. 김 씨는 그때도 직장인이었고, 황 씨는 다니던 직장을 그만두고 새로운 일을 준비하고 있었다. 당시 황 씨한테는 잊지 못할 기억이 하나 있다. 어느 날, 문구점 앞에서 게임하는 아이들 소리가 귀에 들려왔다.

"죽여! 죽여!"

한 아이가 누군가 때리고 누군가 맞는 내용으로 된 게임에 푹 빠져 있었다. 아이를 둘러싸고 서 있던 여러 무리가 게임 속 가해자를 응원하고 있었다. 문득 딸이 저 아이들처럼 자랐을 때를 상상해 봤다. 아이들이 마땅히 갈 만한 문화 공간이 없으니 길에서 저러고 있는 거구나 싶었다. 황 씨의 머릿속에 이런 생각이 떠올랐다.

'어린이 도서관이 있어서 아이들이 책도 보고 놀 수도 있었으면 좋겠다.'

대학 졸업 뒤 곧장 제약 회사에 들어가 영업을 했던 황 씨는 실적을 최고의 가치로 여기는 회사 생활에 회의감을 느끼고 있었다. 마침 그 시기에 영업을 나갔다가 우연히 옛 친구를 만나면서 도서관에 대한 꿈을 구체적으로 그려보게 됐다. 친구가 책 몇 권을 손에 쥐여줬다. 이오덕, 권정생 선생의 책이었다.

'동화라는 게 이렇게 아름다운 거구나!'

감탄사가 절로 나왔다. 곧 삼 년 동안 다니던 회사를 나와 친구와 의기투합해 어린이 도서관을 열었다. 그동안 모은 돈과 퇴직금을 털어 어렵게 시작한 일이었다. 어려운 형편에도 이런 결정을 내릴 수 있었던 건 아내 김 씨의 배려 덕분이었다.

"제가 보기에도 남편이 계속 회사에 다니면 왠지 망가질 거 같았어요. 그래서 그냥 그만두는 게 나을 거 같다고 했죠. 지금 남편은 문학 평론을 하고, 저는 직장인이잖아요. 장단점이 있죠. 직장인 처지에서는 남편이 부러울 때도 있습니다.(웃음) 이 아저씨 하는 일에 대해서 질투를 느낀다고 말하지만, 남편이 하는 걸 보면서 대리만족도 느끼는 것 같습니다. 한 사람이라도 진심으로 좋아하는 일을 하고 있다는 데서 오는 보상 심리가 있죠. 그때도 '당신은 정말 좋아하는 일을 하며 살았으면 좋겠다'는 마음으로 시작해보라고 얘기해준 것 같습니다."

황 씨는 "아내 말에 용기를 얻고 친구와 함께 도서관을 시작해보게 됐다."라고 했다.

"속으로는 무척 미안했죠. 형편이 넉넉하지 않았으니까요. 어쨌든 시작할 때는 집에 돈을 못 주고 쓰기만 했습니다.(웃음) 저도 그렇지만 친구는 아끼던 노트북까지 팔아서 도서관 운영비를 마련했습니다."

황 씨의 도전은 험난했다. 1996년. 지금과 달리 어린이 도서관이라는 문화 자체가 없었던 시절이었다. 서가에 꽂아둔 책은 친구가 출판 분야 지인들을 통해 서점 공급가 수준으로 저렴하게 제공을 받아왔다. 그렇게 천오백 권 정도가 모였다. 그러나 이용객이 있어야 책도 대여하고, 각종 독서 프로그램 등도 만들 텐데 도서관에 발을 들여놓는 사람 자체가 없었다. 사람 발길이 뜸하니 서가에 꽂아둔 어린이 책과 청소년 책을 보는 일상이 계속 이어졌다. 문을 열고 사 일 만에 이용객이 찾아왔다. 황 씨 눈에는 오세영의 《부자의 그림일기》(글논그림밭)와 같은 책이 좋아 보여 추천해줬다. 하지만 오히려 항의만 받았다.

"책 내용이 가난한 동네를 배경으로 하잖아요. 애들한테 이런 거 빌려줬다고 불평만 들었죠. 제가 도서관을 했던 그 지역이 가난한 지역이었거든요. 저는 제가 어렵게 자랐기 때문에 그런 아이들한테 오히려 그런 책이 필요할 거라고 생각했는데 부모들은 그렇게 생각하지 않았습니다. 그때 배운 게 '문화는 돈'이라는 거였습니다. 가난하게 살기 때문에 문화적으로도 빈약했던 겁니다."

결국 대전에 열었던 도서관 운영이 어려워지면서 친구들의 도움을 받아 청주로 장소를 옮겼다. 이때는 도서관에서 숲 체험, 나무 체험 등 다양한 자연 프로그램을 시도해봤다. 뜻있는 분들이 아이들을 조금씩 보내기 시작했다. 그 시기에는 그나마 임대료는 낼 수 있는 수준이었다. 황 씨는 "하지만 거기서도 도서관이 문을 연 지 삼 개월 만에 친구랑 오만 원씩 나눠 가졌을 정도였다."라고 했다.

결국 그 뒤로는 누나의 도움으로 독립해 다시 대전에 도서관을 차렸다. 누나는 임대료 이백만 원에 열 평 정도 되는 작은 공간을 얻어주셨다. 마침 한 방송사에서 시작한 책 프로그램이 큰 인기를 끌었다. 전 사회적으로 어린이 도서관 붐이 일었다. 덕분에 도서관을 찾는 분들도 많아졌다. 요일별로 글쓰기 프로그램, 박물관 체험 프로그램 등을 만들어 운영했다. 프로그램 운영을 돕는 엄마 자원봉사 모임 등도 꾸려졌다. 돈을 많이 벌진 못했지만 신이 났다. 도서관에 사람들 발길이 잦아졌기 때문이다. 그 사이 딸과 아들이 자랐다.

황 씨는 아이들과 함께 도서관을 운영하면서 꿈을 발견했다. 어린이 책에 눈을 뜨고, 문학 공부를 다시 시작하게 됐다.

나는 재밌던데 너희는 어떠냐?

황 씨의 어린이 도서관 덕분에 두 아이는 책이 많은 환경에서 자랐다. 아빠가 어린이 도서관을 차리고 손님이 없어 어려웠던 초창기, 황 양 곁에는 아빠와 책이 늘 친구처럼 따라다녔다.

"엄마가 회사에 가니까 아빠랑 도서관에 꽂아둘 책 사러 다니고, 같이 책 보는 게 일상이었어요. 그래서 책 읽는 일이 어색하지 않았던 것 같습니다. 지금도 생각나는 장면이 하나 있어요. 세 살 때였나. 아빠랑 자전거를 타고 헌책방에 가서 책을 사왔었거든요. 그때 기억이 정말 좋게 남아 있어요. 남들이 봤을 땐 헌책이지만 저한테는 처음 보는 새 책인 거예요. 책에서 나는 냄새라든가 그런 게 무척 좋았어요. 아빠가 읽어보고 도서관 서가에 꽂아둔 책의 첫 독자는 저였거든요. 생각만 해도 즐거운 일이었어요. 지금도 아빠랑 편하게 대화를 나눌 수 있는 게 대부분 시간을 아빠와 책 이야기를 하면서 보냈기 때문일 겁니다. 그러다 어느 순간, 도서관이 알려지고 사람들이 많아지면서 저는 '관장님 딸'로 불리고 있더라고요.(웃음)"

황 양이 옛날을 생각하며 미소를 머금었다. 황 씨가 문학 평론을 하면서부터는 두 아이가 아빠에겐 일종의 '실험 대상'이었다. 서점에서 책을 볼 때마다 황 씨는 궁금증이 일었다.

'나는 재미있게 봤는데 아이들은 어떨까?'

"특히 딸 가현이는 일종의 '마루타'였어요.(웃음) 저는 재미있어도 아이들은 아닐 수 있잖아요. 고등학교 올라갈 즈음에 더 많이 물어본 거 같습니다. 공부하라고 책을 준 게 아니라 청소년 심리가 정말 이런지 궁금해서 물어봤었어요. 처음에는 제가 보고 감동한 책 위주로 권했었어요. 근데 아이들이 싫어하더라고요.(웃음) 문학 공부를 하면서 알게 되었는데, 아이들은 발달 단계에 따라 심리도 다르고, 그 시기별로 관심을 두는 책도 다르더군요."

그 시절의 경험으로 황 씨는 아이들 한 명 한 명에게 즐거움을 주는 책이 따로 있다는 깨달음을 얻었다. 그래서 지금도 '이거 읽어봐' 소리를 잘 안 한다. 대신 아이들 한 명 한 명이 어떤 걸 좋아하고, 어떤 것에 호기심을 갖는지를 유심히 살펴본다.

어느 날 황 군이 텔레비전 다큐멘터리를 보고 "아빠 사막에는 뭐가 살아?"라고 물었던 적이 있었다. 황 씨는 바로 서점에 가서 낙타 관련 책을 살펴봤다.

"설명하기 어려워서 서점에 가서 좋은 책으로 골라봤어요. 낙타와 관련한 책을 사다 줬더니 아이가 다큐멘터리에서 본 쌍봉낙타가 책에도 나온다고 좋아하더군요. 중요한 건 아이가 그때그때 어떤 부분에 관심이 있는지를 유심히 보는 겁니다. 마침 그때 대전에 동물원이 생겨서 사파리에서 직접 낙타를 보여줬던 기억도 납니다."

"맞아요. 아빠는 '책 읽어라'는 소리를 하진 않으세요. 필요할 것 같다 싶은 책을 슬쩍 옆에 갖다 주시죠. 제가 초등학교 3~4학년 때 꿈이 천문학자였는데 그때 슬쩍 별똥별 관련 책을 주시더라고요. 제가 미술이나 영화에 관심을 기울이면 저도 모르는 순간 그 분야 책이 제 곁에 와 있어요. 제가 의식하지 못하게 제가 지금 관심을 두는 분야의 책을 놓고 가세요.(웃음)"

책으로 만난 세상, 몸으로도 만나기

가족은 독서라는 것 자체에 부담을 느끼지 않는다. 책을 공부나 학습의 도구라고 생각하지 않기 때문이다. 책을 구입하는 것 자체를 예쁜 옷이나 액세서리 등을 사는 것처럼 즐긴다. 책을 살 때는 평소 욕심이 났던 책 제목을 적어뒀다가 한꺼번에 같이 구입하는 편이다.

김 씨의 회사에서 복지포인트가 나오면 몽땅 책을 사는 데 쓰며 즐거워한다. 황 양은 "책 사보는 돈은 전혀 아깝지 않다."라고 했다.

황 양이 책을 일종의 '놀이'로 만나게 된 데는 어린 시절 아빠와 책을 보고 책에 나온 다양한 활동을 실제 직접 체험해본 경험이 큰 영향을 줬다.

"책은 글로 접하는 것이지만 그 글로 이뤄진 것들을 직접 눈으로 보고 손으로 만져보는 경험을 해봤으면 좋겠다 싶더라고요. 만두 빚기와 관련한 책을 읽은 뒤에는 정말 만두를 만들고 쪄서 먹었던 기억이 있어요. 비눗방울과 관련한 책을 읽은 뒤에는 진짜 비눗방울을 만들어 봤었고요. 가현아, 기억나니?"

"기억나요. 김장할 때 쓰는 빨간색 대야를 놓고 정말 비눗방울을 만들었던 것도 생각납니다. 책을 읽고 아빠랑 노는 활동을 참 많이 했죠. 아마 그때 책이라는 건 '읽는 것'이 아니라 '노는 것'이라는 생각을 하게 된 것 같아요."

다독을 권하는 책이 많이 나오는 때다. 많은 책이 읽어야 다양한 지식을 섭취할 수 있고, 지식을 섭취한 만큼 양질의 결과물을 내놓을 수 있을 거라는 논리를 내민다. 이게 요즘 시대의 독서론이라면 이 가정은 시대에 역행하는 독서 철학을 품고 있다. 부부는 책을 좋아하지만 책을 많이 읽어야 한다는 말에 무조건 동의하지 않는다. 단 한 권이라도 내 삶의 버팀목, 위안이 될 만한 책을 찾는 일이 더 중요하다고 생각한다.

마음에 품을 책 한 권만 있어도 된다. 아빠의 이런 독서 철학은 가난했던 어린 시절에 형성됐다. 장남인 데다가 중학교 때 아버지가 돌아가셨다. "네가 잘해야 한다."라는 주변의 말에 어깨가 무거웠다. 결핍은 다른 사람과 나를 비교하게 했다. '어느 비 오는 날에 살게 된 하루살이는 그 세계가 온통 비만 오는 줄 알고 살고 갔다.' 어느 날 이름 모를 친구가 이런 내용이 담긴 엽서를 보냈다.

"제가 친구들 눈에 이렇게 보였구나 싶더라고요. 그때 문학이 저한테 찾아왔어요. 고등학교 들어가면서 문학 동아리를 했었는데, 비슷한 환경에 있는 친구들을 만나면서 '우린 왜 이렇게 지질하게 사냐?'는 한탄도 해가면서 서로 격려하고 살았죠. 책을 읽고 글을 쓰는 데 마음을 두지 않았다면 비뚤어졌을지도 몰라요. 동아리 활동을 하게 된 계기는 책 한 권 때문이었어요. 중학교 때 읽은《노란 손수건》(오천석, 샘터). 저한테는 태어나 처음으로 문학적인 감동을 전해준 책이었어요. 감동이라는 게 거창한 게 아니었어요. 주인공이 고향을 찾아가면서 버스에서 사람들하고 얘기할 때 과연 손수건이 걸려 있을까 궁금해하잖아요. 그 장면에서 '아! 정말 재미있다!'는 소리가 나오더라고요. 저한테 일종의 결핍된 부분을 채워준 친구 같은 책이었어요. 지금도 제가 뭔가 잘못하면 말없이 제 얘기를 들어주는 친구가 바로 책입니다."

책에 빚진 경험이 있는 건 황 씨만이 아니다. 콤플렉스와 자괴감, 상대적 박탈감 등으로 힘들어하던 학창 시절 김 씨 역시 결핍을 문학으로 채워나갔다.

"실은 저도 남편이랑 닮은 데가 많아요. 저도 어릴 때 아빠가 돌아가셨고, 환경도 어려웠어요. 중학교 때부터 '대학은 나한테 사치'라고 생각했어요. 한참 사춘기 때 삶의 돌파구 구실을 해줬던 게 책이었죠. 헤르만 헤세, 앙드레 지드 책을 많이 읽었어요. 남편도 저처럼 책 읽기와 글쓰기로 위안받으며 자랐다는 점에서 저와 닮은 사람이었죠."

부부는 본인들처럼 아들이나 딸이 인생에 울림을 주는 책 한 권을 찾길 바라는 마음이 크다.

"아이들이 살면서 정서적으로 버팀목이 되는 책을 만났으면 좋겠습니다."

아쉬운 점은 이런 생각을 품은 가정이나 아이들이 점점 사라지고 있다는 점이다. 초등학교 때까지 황 양처럼 아무 목적 없이 책을 좋아했던 친구들은 어느새 하나둘씩 사라지고 없다. 고등학교에 올라가면서 가현 양은 어느새 사람들 눈에 '책 많이 읽는 특이한 아이'로 비쳤다.

"고등학교에 올라오니까 각종 시험문제에 지문으로 나오는 책 외에 다른 걸 읽으면 눈총을 주는 분위기더라고요. 뻔히 보이는 정

답을 맞히는 공부를 한다는 게 힘들었어요. 오히려 생각을 유도하기 위해 낸 문제는 풀고 싶은 마음이 들었어요."

황 양은 지금은 학교를 자퇴하고 홈스쿨링을 한다.

"그래. 대학은 정말 더 공부해보고 싶은 게 생겼을 때 가면 되지, 뭐."

부부의 대답은 '쿨'했다.

"중학교에 가면서 가현이가 고민이 많아졌죠. 학교 안에서 자꾸 서열이 생기고, 경쟁하는 분위기가 만들어지니까 힘들어하더라고요. 말수도 줄어들고, 많이 힘들어했었죠. 며칠을 저희 방에 왔다 갔다 하더니 어느 날 자퇴 이야기를 하더군요. 남편이랑 저는 느낌으로 알았었어요. 뭔가 할 말이 있는 것처럼 보이기에 '가현아. 할 말 있으면 해 봐.' 그랬었죠."

자퇴한 뒤 일상은 더 바빠졌다. 읽고 싶은 책도 편하게 읽는다. 대전 지역에서 공연 기획을 하는 사람들과 함께 공연 기획 관련 일도 한다. 얼마 전에는 한 극단에서 올린 연극에 스태프로 참여도 해봤다.

"책이요? 제가 어떤 선택을 하는 데 큰 영향을 줍니다. 부모님께서 온전히 절 만든 건 아니에요. 책이 제게 영향을 미친 것도 크겠죠. 제 선택이나 행동 등에 영향을 주는 제이의 부모님 같아요."

가현 양은 이미 스스로 일어설 수 있을 만큼 단단한 버팀목을

고등학교를 자퇴하고 자신의 진로를
찾아 나선 가현 양의 책상. 시사, 영화
분야의 잡지가 한쪽에 쌓여 있다.

찾은 것 같았다. 황 씨는 "살면서 시행착오가 반드시 필요하다."라고 했다.

　"부모가 책은 다양하게 접해보라고 하면서 경험은 다양하게 해볼 기회를 안 주잖아요. 대학? 젊을 때 하고 싶은 경험 많이 해보고 늦게 가면 좀 어때요. 사실 가현이가 제도권 밖으로 나왔을 때 외로워질까 봐 걱정스럽기도 했어요. 오히려 학교에 있을 때보다 바쁘고 씩씩하게 잘 지냅니다. 그 모습이 참 예뻐요."

책의 노예가 아닌 주인 되기

황수대 씨 가족을 만나던 날, 대전역에 마중 나온 황 씨 곁에는 아들 황범식 군이 있었다. 아빠는 지난밤 친구들과 찜질방에 모여 밤새워 논 아들을 태운 뒤 대전역으로 온 거였다. 어릴 때 책을 좋아했던 황 군은 요즘은 예전만큼 책을 좋아하진 않는단다. 하지만 김수왕 씨는 "읽으라고 강요 안 한다."라고 말했다.

　"아들이라 그런지 요새 축구 등 운동에 빠져 지냅니다. 그리고 친구들과 다니는 걸 무척 좋아하죠. 어느 순간부터 자연스럽게 친구들과 어울리는 걸 참 좋아하더라고요. 그 순간, '아! 우리 아들이 컸구나!' 싶었어요. 저 시기에 친구들이 좋아지는 건 자연스러운 거잖아요. 억지로 책이나 공부에 관심을 돌리라고 하지는 않아요. 다시 바뀔 걸요."

주객이 전도돼 책이 주인공이 된 시대, 책에 매달려 살아가는 시대. 황 씨는 책의 노예가 될 게 아니라 책을 매개로 삶을 살아갈 힘과 지혜를 얻으면 된다고 말한다.

딸과 함께 책을 놓고 딸의 초경에 관해 이야기를 나누는 아빠는 몇이나 될까?

"요즘 애들 대체 말이 안 통해."

많은 아빠, 엄마가 이렇게 말하는데, 정작 말이 통하게 도와주는 것들을 주변에 잔뜩 쌓아두고 활용은 안 하면서 이런 소리만 하는 건 아닐까. 이 가정을 만나고 돌아오면서 들었던 생각이다.

🐌 내 자녀의 취향부터 읽어라!

우리나라에서 '창의력'이란 여기저기에 내걸기 참 좋은 문패가 됐다. 그러면서도 아이들의 다양한 상상력은 무조건 '튀는 것'으로 간주한다. 책도 마찬가지다. 부모는 아이 연령대에 맞춰 남들이 다 읽는 책을 읽어줘야 아이가 똑똑한 아이로 성장할 거라고 믿는다.

황수대 씨 가정을 만나면서 배운 것은 세상 사람들이 정해둔 독서의 틀에 내 아이를 너무 가두지 말아야 한다는 점이다. 황 씨는 도서관을 하던 시절 체험 프로그램에 즐겁게 잘 참여하던 아이가 책 싫어하는 아이로 변하는 모습을 자주 봤다고 했다. 중학교에 올라가면서 엄마 손에 붙들려서 학습 위주의 독서를 하게 되고, 결국 일 년 새 책을 싫어하는 아이가 되어 찾아오게 됐다는 이야기다. 아이 엄마에게 '무슨 책을 읽히셨어요?'라고 물으면 열에 열이 중학교 교과서에 지문으로 나오는 책을 읽혔다는 대답이 돌아왔다.

황 씨는 "아이들 입에서 '○○ 관련 책 없어요?'라는 질문이 오면 그게 바로 그 아이한테 가장 잘 맞는 책"이라고 했다. 이 논리에 따르면 아이 백 명한테 각자 잘 맞는 책을 한 권씩 추천하라고 했을 때 추천도서는 백 권이 나올 수도 있다. 아이마다 취향, 상상력, 즐거움을 느끼는 요소는 모두 다르기 때문이다. 그러니까 추천도서 목록만을 찾을 게 아니라 지금 내 아들, 딸이 대체 어떤 취향을 가졌는지, 어떤 부분에 관심을 두는지 '아이의 취향'을, '아이의 시선'을 유심히 봐달라는 이야기다.

두 지붕 한 가정

이동미 · 송순덕 씨 가족

흔히 아이들은 어른을 보고 배운다고 한다. 아이들은 어른이 하는 행동을, 쓰는 어휘를 고스란히 닮는다. 독서에서도 마찬가지다. 반드시 부모가 책을 읽는 모습을 보여줘야 아이들도 책을 좋아할 수 있다고들 말한다. 그런 이유로 거실에 있는 텔레비전을 치우고 회사에서 귀가한 뒤 정자세로 앉아 책을 읽는 시간을 정해두는 부모도 많다. 그런데 독서에서 역할 모델이 반드시 어른이어야만 하는 걸까? 이동미(42) 씨, 송순덕(42) 씨네 가정의 아이들을 보면 "꼭 그렇지만은 않다."라는 말이 절로 나온다.

"네, '동미 샘'한테 전화받았습니다. 근데 저희 아이한테 책 읽는 문화를 알려준 건 저나 남편이 아니고, 이동미 선생님 댁 큰딸

소라입니다. 소라가 같이 나와 줘야 할 거 같은데……(웃음)"

여행 작가 이 씨한테 책 읽는 문화가 있는 가정을 소개해달라고 부탁해서 송 씨 가정을 알게 됐다. 송 씨는 책을 좋아하게 되면서 지금 독서·논술·토론 분야에서 일한다고 했다. 송 씨의 남편은 직업군인이다. 남편 직업이 군인이라 이사를 꽤 많이 다닌다. 이 얘기를 듣고 처음에는 이사가 잦아 전학도 많이 다니는 군인 가정의 책 읽기 문화는 어떤 모습일까 궁금증이 일었다. 그게 첫 단추였다.

섭외는 꼬리에 꼬리를 물었다. 송 씨는 "우리 딸이 독서 습관을 기르도록 도와준 것은 이 씨네 딸과 아들"이라고 했다. 외동인데다가 이사를 자주 하는 탓에 외로울 수 있는데 그 집 자녀가 진짜 친형제 못지않게 함께 책을 읽고 노는 즐거움을 알려줬다는 사연이다. 그 말을 들은 뒤 '그 집 자녀들'과 '이 집 자녀'를 함께 만나보고 싶은 마음이 일었다. 외동이 많아 여러 가정이 뭉쳐서 '대안 형제·자매'로 연을 맺는 아이들이 많을 것 같지만, 의외로 옆집 사정도 모르고 사는 가정이 더 많은 요즘. 두 가정의 아이들이 모여서 놀고, 책도 함께 읽게 된 사연을 들어보고 싶었다. 이동미 씨네 자녀 임소라(13) 양, 임성묵(10) 군, 송순덕 씨네 딸 김효주(8) 양을 함께 만난 이유다.

두 지붕 한 가정을 이루다

"이모! 오랜만이야. 이거 미술 학원에서 만든 거야."

김 양이 이 씨에게 인사를 건네며 나무로 만든 독서대를 내밀었다. 미술 학원에서 직접 만든 독서대다. 나무 톱질도 하고, 색칠도 스스로 했단다.

"이야! 잘 만들었네!"

김 양한테 '이모'로 불리는 이 씨는 몇 달 만에 얼굴을 봤다고 했다. 가족들이 유난히 반가워하는 이유다.

이 씨 가정은 지금 강화에 산다. 얼마 전까지 송 씨 가정도 강화에 살았다. 송 씨네 가정이 김포 쪽에 나와 살면서 서로 얼굴을 보기 어려워졌지만, 그전까지는 한 가족처럼 자주 봐 온 얼굴들이다.

여자아이 둘에 남자아이 하나. 엄마들까지 모이면 꽤 시끌벅적하다. 특히 김 양과 임 군은 만나면 여기저기 뛰어다니면서 활동적으로 노는 편이다. 두 친구와 비교하면 임 양은 상대적으로 정적이고 조용하다. 인터뷰 날도 두 친구는 인터뷰를 얼른 마치고 카페 마당에 나가 뛰어놀았다. 성격이 차분한 임 양은 두 동생이 나가 노는 뒤에도 동생들이 하지 못한 이야기들을 조리 있게 전달하는 큰누나, 큰언니 역할을 했다.

두 가정의 독서 문화를 살펴보려면 '아이들'의 동태를 살펴야

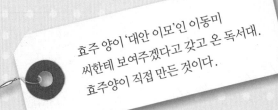

효주 양이 '대안 이모'인 이동미
씨한테 보여주겠다고 갖고 온 독서대.
효주양이 직접 만든 것이다.

한다. 세 아이는 성격이 제각각 다르지만 모두 책을 좋아한다. 조용한 소라 양은 소라 양 취향대로, 뛰어놀기 좋아하는 성묵 군은 성묵 군대로, 활달한 성격의 효주 양은 효주 양대로 각자의 독서 취향이 있다.

김 양은 복잡하지 않은 스토리로 이뤄진 생활 동화를 자주 보는 편이다. 책 표지, 그림 등이 효주 양이 책을 고를 때 중요하게 여기는 것들이다.

임 군은 요즘 자의 반, 타의 반으로 소설을 열심히 읽는다. 만화에 푹 빠졌다가 엄마의 강력한 권유로 글로 된 책 읽기에 취미를 붙이려고 부단히 노력 중이다.

임 양은 판타지 마니아다. 고양이가 등장하는 우리나라 판타지 책을 읽은 뒤 고양이를 좋아하게 됐다. 마침 직접 고양이를 키울 일도 생겼다. 세 친구 가운데 책을 가장 좋아하는 임 양은 "책에 푹 빠져들면 시간도 금방 가고, 책에서 떠오르는 여러 이미지가 있어서 좋다."라고 했다. 이 씨는 "소라가 책을 읽을 때 푹 빠지는 편이라 가끔 신경질도 난다."라고 했다.

"가끔 '뭐 좀 치워야지.' 얘기를 해도 움직이질 않을 때가 있어요. 책을 볼 때죠. 그럴 때는 괜히 신경질이 나기도 하죠. 소라의 소원은 아마 아무한테도 간섭 안 받고 읽고 싶은 걸 실컷 읽는 것일 겁니다."

성향이 다른 세 친구가 한 거실에서 책을 보는 모습은 꽤 재미 있다. 송 씨는 "소라는 책상 앞에 앉아 정자세로 보는 스타일이고, 효주랑 성묵이는 여기저기 누워서 보는 스타일"이라고 했다.

"뿔뿔이 흩어져서 보다가 어느 순간 셋이 합쳐지기도 합니다. 재미있죠. 책을 보다가 갑자기 시끄러워지면 제가 강제로 떼어놓기 도 합니다. '너는 이쪽에서 보고, 너는 저쪽 가서 봐!' 시간이 지나도 소라는 여전히 책을 봅니다. 그리고 성묵이랑 효주는 카드놀이나 여러 가지 놀이에 빠져들었다가 다시 책을 보고 그럽니다. 자연스 러워요. 놀기도 하고, 책도 보고 그런 거죠."

주목할 대목은 세 아이 가운데 독서와 관련한 역할 모델이 있 다는 점이다. 모델이 되는 인물은 역시 책을 손에서 잘 놓지 않는 임 양이다. 특히 김 양한테 '소라 언니'는 책 읽는 즐거움을 알게 해 준 고마운 사람이다. 책이 많지 않은 김 양한테 일단 책이 많은 '소 라 언니네' 집은 일종의 도서관처럼 느껴졌다.

"강화에 살 때 소라 언니네 가면 진짜 책이 많았어요. 도서관에 가는 것처럼 언니네 집에서 책도 읽고, 빌려서 보기도 했어요."

효주 양은 아직도 그때를 생각하면 입가에 미소를 머금게 된다.

고등학교 교사인 임 양의 아빠는 워낙 책을 좋아해 한 달에 꽤 많은 양의 책을 산다. 임 양이 읽고 싶어 하는 책은 아빠가 인터넷 서점에서 책을 살 때 함께 목록에 넣는다. 책 정보는 책 표지, 서평

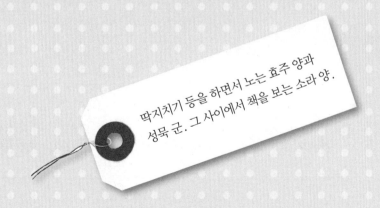

딱지치기 등을 하면서 노는 효주 양과
성묵 군. 그 사이에서 책을 보는 소라 양.

그리고 신문의 광고면 등을 통해 얻는다. 거기다 여행 작가로 활발하게 활동하는 이 씨도 읽고 쓰는 데는 일가견이 있다. 덕분에 자연스럽게 이 씨가 보는 책도 많이 쌓였다. 그동안 부부가 읽고 모은 책도 작은 규모는 아니었다. 지금도 벽이 점점 책으로 채워지고 있을 정도로 책이 많다. 이렇게 책이 많은 가정에 자주 드나들면서 김 양은 "언니가 웃으며 책을 읽는 모습을 보고 나도 책이 더 좋아졌다."라고 했다.

"소라 언니는 책을 읽을 때 미소를 지으면서 봐요. 푹 빠져 읽으면서 웃는데 그 모습이 좋아요. 언니를 통해서 배운 건 책을 웃으며 보는 거예요. 언니네 집에 가면 언니는 항상 책을 보면서 웃고 있었어요. 언니는 움직이는 것보다 책을 보는 걸 정말 좋아하는 거 같았어요."

어린 김 양 눈에는 이렇게 언니가 뭔가에 푹 빠져 즐거워하는 모습이 마냥 좋아 보였다. 그때 무의식적으로 책은 '재미있는 것'이라는 인상이 깊게 뿌리 박혔다. 이렇게 책 좋아하는 임 양의 행동은 어른인 송 씨도 기억하는 부분이다.

"소라가 초등학교에 다닐 때 모습이 아직도 기억납니다. 소라가 도서관에서 자원봉사를 했었거든요. 쉬는 시간에도 나와서 책 정리를 하는 친구는 이 친구밖에 없었어요. 점심시간에도 붙박이로 있었던 친구가 소라였죠."

성향이 다른 언니, 오빠와 함께 일상을 보내면서 김 양은 놀이와 독서를 함께할 친구를 얻었다. 책을 볼 때는 보통 언니인 임 양과 함께하고, 딱지치기 등 놀이를 할 때는 오빠인 임 군과 함께한다. 무엇을 하는지 주제에 따라 멤버 구성이 달라지는 셈이다.

대안 가족이 탄생한 계기는?

이렇게 김 양에게 '소라 언니'라는 독서 멘토를 소개해준 것은 두 엄마였다. 사실 아이들한테 책 읽기 인연을 만들어준 두 가정의 엄마들도 책을 좋아한다. 이 씨가 강화에 자리를 잡은 것도 한 권의 책 때문이었다.

"남자는 월가에서 제일 잘 나가고, 여자는 잡지 편집장인 커플이 있었어요. 둘이 결혼한 뒤 프로방스 포도밭에 빠져서 그곳에 살게 된 이야기를 책으로 썼죠. 그 책을 보고 남편과 함께 '우리도 이렇게 살아보자'고 꿈을 키웠습니다. 마침 강화에는 포도밭이 많았어요. 그래서 여기 터를 잡았죠. 남편은 강화 지역 고등학교에 다니고, 저는 여행 작가 일을 하니까 큰 불편함 없이 살고 있습니다."

이런 사연으로 강화에 살게 된 이 씨는 교육청에서 일본어 관련 수업을 듣다가 송 씨를 알게 됐다. 서로 다른 반이었지만 '사람 볼 줄 아는' 일본어 강사가 "두 사람이 만나면 잘 맞을 것 같다."라며 소개를 해줬다. 알고 보니 동갑이었다. 자매처럼 통하는 것도 많았다.

아이들이 한두 살씩 나이 차이가 나서 좋은 점이 참 많았다. 임양은 그야말로 큰언니 같다. 임 군은 활달한 오빠 같다. 김 양은 막내처럼 귀여움을 떤다. 함께 여행을 가면 '한 집 식구들'로 불릴 정도로 아이들은 잘 어울렸다.

두 엄마는 무작정 아이들을 학원에 맡기는 성격이 아니었다. 어느 날 영어를 가르치고 싶어서 '엄마표 영어'를 모여 공부하기 시작했다. 송 씨가 주로 도서관에서 관련 책을 빌려 왔다. 책을 나눠 읽으면서 공유할 추억이 많아졌다. 그러는 사이 같은 강화에서도 조금 떨어진 곳에 살았던 두 가정이 한 아파트 단지에 살게 됐다. 그리고 얼마 뒤에는 아예 같은 동에 살게 됐다. 그 뒤로는 그야말로 '대안 가족'처럼 살았다.

요즘은 형제 없이 혼자 자라는 아이들이 많다. 학원에 많이 다니지 않는 한 외동 자녀는 외로울 일이 많다. 더군다나 부모가 직장에 다니거나 파트타임으로 일하려면 아이를 혼자 둘 걸 걱정해야 하는 시대다. 이런 때 송 씨는 마음이 편하다. 이 씨는 "셋이 있으니까 죽이 되건 밥이 되건 어떻게 꾸려간다."라며 웃었다.

"그때는 학원을 가더라도 셋이 등록하니까 할인을 해줬어요. 재미있는 게 소라랑 성묵이가 남매인데, 사람들은 성묵이랑 효주를 남매로 알아요."

세 아이의 독서 문화는 이 씨네 가정에 김 양이 드나들면서 꽃을 피웠다. 아이들은 함께 모여 놀았다. 함께 모여 책을 읽고, 공부도 했다. 요즘도 '이 집'과 '저 집' 가운데 한쪽 집 엄마가 일이 생기면 나머지 한쪽 집 엄마가 '대안 엄마' 구실을 해준다. 마침 그 공간에는 책이 많아 특별히 뭘 갖고 놀아야 하는지를 고민하지 않아도 된다.

"예를 들어, 송순덕 선생님이 강화에 들어오면 제가 시내에 나갑니다. 그때 아이들을 맡겨놓으면 정말 좋아요. 일종의 '방과 후 학교'가 되는 겁니다."

이 씨 말에 김 양이 고개를 끄덕였다.

"엄마가 일이 있을 때 언니네 집에서 밥 먹으라고 해요. 그러면 언니네 가서 책도 실컷 보고, 밥도 먹고 놀아요. 언니네 집이 도서관 같아요."

언니 따라 시화 그리는 동생

"근데 언니가 좋아한다는 판타지가 뭐야?"

"옷장을 열었는데 거기서 전혀 다른 세계가 펼쳐지는 거야. 그게 판타지야."

이야기를 나누는 중에 김 양이 임 양에게 판타지에 대해 묻자 이런 답변이 돌아왔다. 두 가정이 함께 독서 문화를 이루면서 얻은 것은 바로 일상에서 또는 책에서 얻은 궁금증을 던지고 그걸 풀어 줄 또래 문화, 형제 문화를 자연스럽게 형성하게 된 점이다. 아이들은 책을 읽다 궁금한 것들이 불쑥 튀어나올 때 언니 또는 누나한테 질문한다. 물론 다른 궁금증도 마찬가지다. 덕분에 어른들은 아이들의 질문에 답하지 않아서 좋다. 이 씨는 "아이들은 뭘 읽거나 보면 궁금한 게 참 많아지는데, 그런 것들이 소라를 통해 모두 해명이 되어서 좋다."라고 했다.

"사실 제가 뭔가를 하고 있을 때 아이들이 질문하면 설명해주기 어려울 때가 많아요. 귀찮기도 하고요. 소라는 두 아이한테 맞게 차근차근 설명해주니까 좋아하더라고요. 오히려 어른들이 답해 줄 때보다 설명이 이해하기 쉬운가 봅니다. 그래서인지 두 가정에서 어른의 영향력이 크지 않아요. 엄마는 말할 때 소리를 지르며 말하고, 언니나 누나는 조곤조곤 말해주기 때문이 아닐까 싶기도 하네요.(웃음)"

송 씨도 맞장구를 쳤다.

"맞아요. 엄마하고 대화를 나누면 간극이 크잖아요. 근데 언니는 나이 차이도 크지 않고, 대화 소재나 화법에서 거리감이 안 느껴지기 때문에 편한가 봐요. 효주는 외동인데 혼자 자란 아이 같지 않다는 이야기를 많이 들었거든요. 소라나 성묵이가 있어서 가능했던 일이 아닌가 싶어요."

아이들은 책을 함께 읽고 궁금한 걸 질문하는 데서 나아가 닮은꼴 독후 활동도 시도해본다. 김 양은 임 양이 책을 읽고 해보는 활동에 주의를 기울인다. 송 씨는 "소라가 시를 썼는데 시 옆에 그림을 그려놓은 적이 있다. 근데 그걸 효주가 따라서 하더라."라고 했다.

"시화처럼 그려놓는 거 있죠. 일종의 독후 활동인데 저는 한 번도 가르쳐준 적이 없었어요. 애한테 '이거 어떻게 했어?' 이렇게 물으니까 '언니가 이렇게 하더라'고 그러더라고요. 자기도 모르게 옆에서 보면서 보고 배운 거죠."

이 씨는 "사실 소라한테 시화를 그려보라고 한 적은 없었고, 어느 날 자연스럽게 그런 걸 그려보더라."라고 했다. "소라한테 '이런 거 해보자'고 권한 적은 없었어요. 알아서 혼자서도 책을 잘 읽는 아이니까요. 근데 어느 날 아이가 시를 써왔는데 잘 썼더라고요. 소라는 책을 많이 읽은 것에 비해서는 긴 글을 많이 쓰는 편은 아니에요. 오히려 짧은 시를 잘 쓰죠. 아이가 그렇게 쓴 시에 그림을 곁들이는 걸 좋아하기에 '너 하고 싶을 때 해서 하나씩 줘. 엄마가 모아둘게.' 그렇게 말해줬죠. 가끔 그려온 걸 제 책상 앞에 붙여두는데 잘 그렸어요. 그걸 효주가 비슷하게 해본 것 같습니다."

독서에서도 엿보이는 세대 차이

세 아이가 책을 읽는 걸 보면서 엄마들은 한두 살 밖에 차이가 안 나지만 책에 관해서는 아이들한테도 세대 차이가 있다는 것도 배운다. 사실 요즘 임 군한테는 고민이 있다. 인터뷰하던 날도 추리소설을 읽으려고 노력하는 모습이 보였다. 임 군은 글만 있는 책보다 그림으로 이뤄진 만화에 더 익숙하다. 이 씨는 "소라는 글만 있는 책도 읽고, 만화도 보는데 성묵이는 만화만 보는 습관이 생겨서 만화를 박스에 넣어 감춰 놨다."라고 했다. 임 군은 "엄마의 제안으로 《셜록 홈스》 등을 읽는 중인데 다섯 장 넘기기도 어렵다."라고 했다. 워낙 진도가 안 나가다 보니 엄마는 일종의 보상 체계도 마련해 뒀다.

"전에도 종이에 칸 열 개를 그려놓고, 책을 한 권 읽으면 칸에 체크를 하고, 천 원을 주는 걸 해봤어요. 열 칸을 채우면 플러스원으로 천 원 더 줬습니다.(웃음) 그때도 소라는 잘 됐는데 성묵이는 잘 안 되더군요.(웃음) 성묵이가 책을 많이 안 보는 아이는 아닙니다. 소라랑 비교하면 많이 안 보는 거지만 다른 집 아이들과 비교하면 많이 보는 아이죠. 이렇게 줄글로 된 걸 읽게 하는 이유는 만화 때문입니다. 만화가 나쁘다고 생각하진 않습니다. 다만 만화나 애니메이션에 관한 관심이 글줄로 된 책 쪽으로 옮겨지지 않고, 그게 생각보다 길어져서 전환하려고 일부러 노력 중인 거죠. 이걸 보고 느낀 게 나이 차이가 얼마 안 나는 두 아이지만 세대가 다르다는 겁니다. 성묵이는 영상 세대 같아요. 영상으로 됐거나 그림으로 이뤄진 것에 익숙하고, 그걸 좋아하죠. 글을 보면 답답해하는 경향이 있어요. 억지로라도 줄글로 된 걸 읽게 하려는 건 만화가 정형화돼 있기 때문입니다. 줄글은 읽으면서 이미지를 상상하게 되는데 만화는 상상한 것을 그림으로 보여주니까 상상할 여지가 줄어들죠. 소라는 글을 읽으면 생각나는 이미지나 떠오르는 풍경이 있다는 얘기를 많이 합니다."

김 양은 책을 구입하는 데 변화가 생겼다. 지금까지는 송 씨가 딸이 읽을 책을 골라줬지만, 이젠 김 양이 스스로 좋아하는 책도 고르게 하는 걸로 바뀌었다. 어른이 좋아하는 책과 아이가 좋아하는 책이 다르고, 아이한테 어느 정도 선택권은 줘야 한다는 생각이 들었기 때문이다.

"엄마 눈에는 '여덟 살에 반드시 읽어야 할 책'이 눈에 들어오더라고요. 근데 내 중심이 아니라 아이 중심이 돼야 한다는 생각이 들었습니다. 효주도 만화책을 좋아해요. 그리고 햄스터처럼 자기가 좋아하는 동물이나 캐릭터가 나오는 책을 좋아하는데, 그렇게 좋아하는 것부터 읽어보도록 하는 게 좋은 것 같습니다. 효주는 표지, 그림 등이 마음에 들면 좋아서 펼쳐보더라고요."

임 양과 가까이 살 때는 언니네 가정이 도서관 구실을 했었지만 김포 쪽으로 나와 살게 되면서부터는 실제 도서관을 적극 활용하는 변화도 생겼다. 사실 도서관만 잘 활용해도 책은 충분히 읽을 수 있는 시대다.

"저희는 책을 사는 데 돈을 많이 쓰는 편은 아닙니다. 도서관을 많이 이용하죠. 요새 한 가정이 대출증을 만들면 엄청난 양을 빌려볼 수 있어요. 가족 이름을 다 등록하면 최대 쉰 권까지 빌려줍니다. 거기다가 학교 도서관까지 이용하면 정말 많이 빌려볼 수 있죠. 물론 사고 싶은 책이 있으면 구입하기도 합니다. 헌책방을 주로 이용해요. 일이천 원 정도로 저렴하게 나오는 중고 책을 이용하는 것도 좋더라고요."

독서는 같이 즐기는 취미 활동

"세광빌라였나? 거기 살았을 때 기억나요? 우리 집 가스가 안 들어온 거야. 그래서 동미 샘 집에서 밥을 얻어먹었어요."

"피아노, 태권도도 다 같이 다녔었지. 우린 독서는 물론이고 다른 것도 같이했었어요. 아이들 복장은 늘 파자마 바람이었죠."

두 가정은 공유하는 추억이 많았다. 문득 첫 만남 때 김 양이 이 씨를 보고 '이모!'라고 살갑게 인사하던 장면이 떠올랐다. 곁에 있던 임 양이 한 말도 기억났다.

"효주는 너무 복잡하지 않고, 단순한 스토리를 좋아하더라고요."

소라 양은 두 동생의 취향도 잘 알고 있었다. 우리는 책은 혼자 즐기는 취미 활동이라고 여기기 쉽다. 하지만 이 가정들을 보면 책은 혼자 골방에서 읽을 게 아니다. 내가 읽는 모습을 남에게 보여도 주고, 남이 읽는 모습도 엿볼 줄 알아야 한다. 특히 아이들은 여럿이 모였을 때 서로에게서 뭔가를 배워간다. 이럴 때 소라 양처럼 전범이 될 만한 친구가 한 명 정도 있으면 좋을 것 같다. 물론 "옆집 언니 덕분에 독서왕이 됐다."라는 사연은 의도하지 않았을 때 얻을 확률이 높다. 일부러 작정하고 '독서 멘토'를 억지로 사귀게 하진 말라는 뜻이다. 참고로 '이렇게 책을 권장하는 이유가 뭐냐?'는 질문에 대해 송 씨는 이렇게 말했다.

"공부도 그렇고, 책에 대해서도 조바심은 안 냅니다. 언젠가 아이들이 읽은 것들이 영글어서 도움을 줄 때가 오겠죠."

우리집 독서 비결

책은 꼭 사야 맛인가?

우리나라 사람들처럼 책에 대한 과시욕이 큰 사람들도 없다. 단행본이 일반화된 지금이야 그나마 덜하지만 전집이 유행하던 시대에 돈 좀 있는 가정에서는 멋진 나무 서가에 유리문까지 만들어 달고 전집을 꽂아둔 풍경을 흔히 볼 수 있었다. 그렇게 책을 잘 전시해 둔 데는 '책은 읽는 게 아니라 장식하는 것'이라는 생각도 바탕에 깔렸을 것이다. 교육열 높은 우리네 부모는 식비까지 줄여서라도 책을 사준다. 내 소유의 책을 갖는 것도 좋다. 그런데 그 많은 책을 꼭 사야만 하는 걸까?

송순덕 씨 가정이 책을 구입하는 사연을 들으면서 흥미를 갖게 된 대목은 '꼭 필요한 책만 산다'는 사실이었다. 송 씨네 가정은 도서관을 적극적으로 이용하면서 도서관을 통해 빌려본 책 가운데서 정말 갖고 싶고, 밑줄을 그으며 또 보고 싶은 책만 구입하는 편이다. 이때도 중고 서점 등을 이용한다. 송 씨의 이야기를 들으면서 문득 책을 꼭 사서 봐야 하는지에 대한 의문이 들었다. 반드시 필요한 책만 사서 제대로 읽는 습관. 독서 교육과 더불어 경제교육이 저절로 되지 않을까?

엄마는 책 된장녀

정혜원 씨 가족

한국 엄마의 교육열은 유명하다. 교육 정책에 민감하고, 교육 이슈에 즉각 반응하는 엄마들 덕분에 사교육 시장도 덩달아 들썩거린다. 독서 분야도 마찬가지다. 독서이력제, 독서 논술, 독후감 쓰기 대회 등 책과 관련한 다양한 활동이 생겨나고 있다.

정혜원(40) 씨도 그런 열혈 엄마였다. 오로지 아이를 위해서 십 년 직장 생활을 하고 받은 퇴직금을 아낌없이 투자했다. 이 집에는 책이 수천 권 있다. 다 엄마의 힘이다. 하지만 아이와 함께 책을 읽으며 자신에게도 변화가 생겼다. 독서를 통해 딸과 성장하고 있다는 정혜원 씨네 집을 찾아갔다. 정 씨는 대덕연구단지 내에 있는 연구소에 다니는 남편 강동오(44) 씨와 여섯 살 난 딸 다윤이와 함께 살고 있다.

책으로 둘러싸인 집

대전시 유성구에 위치한 정 씨네 아파트. 들어서자마자 방은 물론 거실 벽면, 통로 벽면, 심지어 주방 장식장에까지 온통 책이다. 넓은 집이 책으로 '압도'당해 좁게 느껴질 정도였다. 그도 "다윤이가 아마 동급 최강"일 거라며 이를 인정했다.

"아이들이 많으면 그럴 수도 있는데, 애가 하나인데 책이 이렇게 많은 경우는 없을 거예요."

그의 집에 있는 책은 아이가 셋인 언니한테 물려받은 것도 있지만 대부분은 직접 산 것이다. 그가 이렇게까지 책을 사들이게 된 이유는 뭘까?

"제가 책을 읽게 된 거는 딱 그거, '결핍' 때문이었어요. 저희 신랑 말에 의하면 저는 된장녀였어요. 대학 때 머리에 든 거 없이 주로 예쁘게 꾸미고 먹으러 다니는 것만 좋아했어요."

그는 문헌정보학과를 나왔지만 평소 책을 쳐다보지도 않았다. 그렇게 사회에 나온 뒤 직장에 들어가서 사람들을 만나며 독서에 대해 생각하게 됐다.

"직장 동료를 보니 책도 많이 읽고 너무 지적인 거예요. 나는

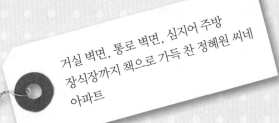

거실 벽면, 통로 벽면, 심지어 주방
장식장까지 책으로 가득 찬 정혜원 씨네
아파트

어릴 때부터 책을 많이 읽는 가정에서 자란 것도 아니었고, 그러다 보니 문득 '나는 뭐지, 여태 뭐한 거지?'라는 생각이 들었어요. 그래서 책을 읽으려고 하니까, 그때 당시 사람들이 많이 읽던 책이 경제경영서였는데 안 읽히더라고요. 전혀 책을 안 보던 사람이 읽으려 하니까 당연히 어려웠어요. 그러면서 좌절했죠. '역시, 나는 안 돼.' 이러면서."

그렇게 덮어두던 책을 그가 다시 읽게 된 계기는 딸의 영향이 컸다. IT미디어 회사에 다니던 그는 다윤이가 태어나고 일 년간 아주머니에게 아이를 맡기고 대전에서 서울까지 케이티엑스KTX로 출퇴근했다. 그러다 이런저런 사정으로 직장을 그만두고 아이를 돌보게 됐다. 그의 책 욕심이 시작된 것도 이때부터. 친언니가 아이들에게 책을 많이 읽히는 것을 보고 자신도 그런 방향으로 가야겠다고 생각했다. 그는 다윤이가 갓난아이였을 때부터 책을 읽어줬다.

"아이 옆에는 처음부터 항상 책이 있었어요. 애는 어린데, 책이 항상 많았죠."

책을 잘 몰랐던 그는 남들이 좋다는 책은 무조건 다 샀다. 인터넷에서 이게 좋더라, 누가 뭐 괜찮다 하면 항상 다 샀다. 단행본보다는 전집으로 샀다. 그에게는 책의 그림이나 내용이 어떻다는 게 중요한 게 아니라 책을 사서 책장에 채우는 게 목적이었다. 책장에 책이 늘어갈수록 왠지 뿌듯하고 뭔가 불안을 채워주는 느낌이었다.

그가 아이들 책 욕심이 가장 많았던 때는 다윤이가 삼십육 개월이 되기 전이었다. 그래서 그의 집에는 유독 글이 한두 줄 있는 유아 대상의 책이 많다.

"그 당시 책이 내 욕심의 결정체예요. 아이에게 한순간이라도 책을 더 많이 읽히기 위해 노력했어요. 물론 체험 활동도 하고 아이랑 많이 놀기도 했죠. 하지만 책에 더 집중했던 거 같아요."

금방 싫증을 내는 아이에게 유아용 책이 많은 도움이 됐다. 아이들은 호흡이 길지 않으니 한 권을 빨리 끝내고 다른 거 보고 하니까 책을 계속 보는 훈련이 됐다. 정 씨는 덕분에 아이가 책 읽는 기초를 튼튼히 할 수 있었다고 생각한다.

"다윤이는 한글을 떼는 속도가 빨랐어요. 책을 혼자 읽기 시작한 것도 유아 대상의 낮은 단계 책이 많으니까 만만해서 꾸준히 읽으면서 다음 단계로 자연스럽게 빨리 넘어갈 수 있었던 것 같아요."

책은 많아도 읽으라는 소리는 안 해요

그는 그렇게 많은 책이 있어도 아이한테 읽으라고 한 번도 다그치지 않았다. 물론 어릴 때 바닥에 잘 보이게 펼쳐놓기는 했지만 안 읽었다고 뭐라고 한 적은 없다.

"처음에 저는 독서에 대한 개념도 없었고 전집 사서 꽂아두면 기분 좋은 거, 딱 그거였어요. '아이를 위해 내가 뭔가 해줬다. 이걸로 끝!'이었죠. 사실 지금 와서 저 스스로 수치스러운 부분이 된장 엄마의 모습이에요. 그런데 하다 보니까 제 인생의 단점이 아이한테는 장점이 됐어요. 내가 보라고 말을 안 하니까 아이는 스트레스 안 받고 자기가 읽고 싶은 책을 마음껏 읽게 된 거죠."

엄마가 무조건 강압적으로 혼내듯이 읽으라고 했으면 다윤이는 책이 싫어졌을 것이다. 하지만 책 읽기를 강요하지 않는 엄마 덕분에 다윤이는 책을 좋아하고, 책 읽는 습관이 잘 들었다. 정 씨는 요즘에는 또 다른 방식으로 아이에게 접근한다. 다윤이가 안 읽는 책이 있으면 "엄마가 잘못 골랐나? 재미없어서 이 책을 안 읽나 보다. 아! 엄마가 센스 없게 왜 이런 걸 골랐지."라고 말한다. 그러면 다윤이는 "엄마, 내가 아까워서 아껴보는 거야."라고 대답한다. 책이 재미없지만 자기 딴에는 엄마를 배려한다고 그렇게 말해주는 것이다. 엄마나 아이나 어떻게 말을 하느냐에 따라 달라진다. '아' 다르고 '어' 다르다는 말이 맞다.

된장 엄마라서 좋은 점은 또 있었다.

"저는 아이들 책을 잘 몰라요. 어떤 책이 뭐가 좋은지도 잘 모르고 샀어요. 책이 이렇게 많은데도 '그림이 좋다'거나 '내용이 좋다'고 판단할 안목도 없었고요. 그런 점이 아이한테는 자기 선택을 할 수 있는 폭을 넓혀줬어요. 본의 아니게 아이에게 자유를 준 거예요.

내 합리화일 수도 있지만 그렇게 생각해야지 어쩌겠어요. 모든 일은 제가 어떻게 생각하느냐에 따라 달라지는 거 같아요.(웃음)"

그는 요즘에도 책을 산다. 하지만 예전보다 책 사는 속도가 줄었다.

"아이가 한 권을 읽는 데 호흡이 길어지기도 했고, 호불호가 생겨서 책을 직접 고르기도 해요. 요즘에는 역사책과 직업을 소개하는 책을 좋아해요. 그래도 아직은 제가 사주는 게 더 많아요. 아이가 어떤 것에 관심 있는지 아니까."

가끔 그는 집에 책이 이렇게 많지 않았어도 다윤이가 책을 잘 읽는 애가 됐을 거라는 생각을 한다.

"사실 책을 사지 않고도 책을 읽는 방법은 많잖아요. 저도 요즘은 다윤이랑 같이 도서관에 가서 책을 빌려 오기도 해요. 저는 인생의 콤플렉스와 결핍이 맞물려서 어쩔 수 없이 책을 많이 샀지만, 남한테는 그렇게 하라고 함부로 말 안 해요. 그래도 사실 책을 많이 사는 게 아이가 책을 좋아하게 만드는 가장 쉬운 방법임은 틀림없어요.(웃음)"

이어서 그는 이런 말도 했다.

"제가 아이를 잘 키워보겠다는 욕망이 컸던 것은 맞아요. 그래서 사실 창피한 생각도 들었어요. 근데 가만히 생각해보니 그건 모든 부모가 가지는 욕망이잖아요. 내 자식을 나보다 더 나은 사람으로 키우는 거. 그게 저의 결핍 탓에 과도하게 표출되었다고 생각했어요. 요즘 진화에 관한 책을 쭉 읽었는데, 모든 인간이 진화하잖아요. 부모가 자식을 더 나은 사람으로 키우려는 것이 결국 더 나은 환경으로 진화해가는 과정이라는 생각이 들면서 무릎을 탁! 치게 됐어요.(웃음)"

그는 아이에게 책을 사주는 심리의 바탕에 깔렸었던 자신의 욕망을 기본적으로 인정하고 나니, 오히려 마음이 편하고 아이에게 책을 읽히려는 욕심도 조절이 됐다고 했다.

정 씨는 아이한테 책을 제대로 읽히기 위해 책을 읽기 시작했다. 그는 자신의 삶이 항상 읽고 있는 책이랑 맞물려 가는 느낌을 받았다. 어떤 문제에 부딪혔을 때 책을 통해서 해결책을 찾아가거나 책에서 화두를 꺼내어 자신의 삶에서 답을 찾는 식으로 흘러갔다.

"예전에는 육아책을 보면서 거기 나온 내용을 내 현실에 억지로 끼워 맞춘 적이 많았어요. 하다가 '이게 아닌가?' 싶으면 나 자신을 의심하게 돼요. 저는 뭔가를 시도하고 또 나를 의심하는 과정을 반복하는 거 같아요. 그게 나름대로 균형을 잡는 저만의 노하우라고 생각해요. 그 과정에서 얻는 깨달음으로 저에게 부닥친 문제의 답을 찾는 동시에, 또 책에 나오는 내용이 항상 옳은 건 아니라는 생각도 함께해요."

엄마, 사춘기가 찾아오다

책장이 하나둘 늘어난 게 그에게는 어쩔 수 없는 일이었다. 아이를 똑똑하게 키우고 싶었던 욕구가 컸기 때문이다. 처음에는 하나뿐인 아이를 보란 듯이 누구보다 똑똑하게 키우기 위해서 책을 사 모았다. 순전히 엄마의 욕심에서 시작된 것이었다. 하지만 그 생각이 바뀌게 된 계기가 있었다.

"다윤이를 직접 키우기 전에 육아에 대해서는 딱 내가 경험한 수준, 엄마가 저를 키우셨던 방식밖에 몰랐어요. 근데 저는 그게 싫었어요. 물론 엄마가 저에게 잘해주신 것도 많았지만, 엄마에게 받은 상처와 스트레스가 있어서 그랬던 거 같아요."

그는 그때부터 공부를 시작했다. 인터넷을 뒤지고 육아책을 보며 남들이 어떻게 하는지 찾아봤다.

"보통 육아책은 애들한테 어떻게 해야 한다고 제시하는 내용이 많아요. 그런데 읽어보면 우리 엄마가 나한테 한 건 그게 아니었어요. 그걸 보면서 육아는 아이만의 문제가 아니라 엄마의 문제이기도 하다는 생각이 들었어요. 그러면서 자연스레 관심이 심리학으로 넘어가게 됐죠. 육아책이나 심리서는 독서의 기본이 없어도 잘 읽혀요. 한 번쯤 경험해 본 일이기 때문인 거 같아요. 내 얘기처럼 느껴져서 공감이 잘되니까요. 제가 '우리 엄마는 이랬지' 그러면 남편은 옆에서 '또 엄마 때문이야?' 이러고.(웃음) 그러면서 제 문제를 찾게 됐어요. 나는 왜 이런가에 대해서요."

그는 그렇게 일 년간 육아책과 심리학책 수십 권을 읽었다. 그러면서 남들은 사춘기 때 고민하는 '나는 누구인가'에 대해 계속 생각하게 됐다. 육아에 경험이 부족했던 그는 육아책, 심리학책을 읽으며 어떻게 해야 하는지 찾아보는 게 자신을 훈련하는 과정이었던 것이다.

"지금 생각해보면 저는 자존감이 아주 낮았어요. 언니가 의사인데 어릴 때부터 부모님께서 언니를 떠받들다 보니 자연스레 전 못난이로 세팅된 거죠. 직접 비교는 안 했지만 부모님께서는 언니는 항상 칭찬하고 저는 항상 야단쳤어요. 그러다 보니 저는 자신을 기본적으로 못난 사람으로 여기게 됐고, 그걸 감추기 위해 겉모습을 예쁘게 치장하는 데 열중해서 이십 대를 살았어요."

그는 그게 자신에게 수치심을 느끼게 했다고 말했다. 그 때문에 생겼던 결핍이 너무 강해서 '내 딸은 안 그래야 하니까, 아이를 잘 키워야 한다'는 일념으로 더욱 불끈했던 것이다. 비단 정 씨뿐만이 아니다. 어느 부모나 자식을 통해 자신의 부족한 면을 채우려고 한다. 이 때문에 많은 부모가 자식을 보상 심리나 대리 만족의 차원에서 생각한다. 그런데 보통 부모는 자기는 안 하면서 아이한테만 강요한다. 정 씨가 다른 부모와 다른 점이 있다면 아이에게 일방적으로 요구하는 것이 아니라 스스로 먼저 변하려고 노력한다는 점이다.

그는 책을 읽으면서 자신의 결핍 때문에 아이에게 욕심을 부리고 항상 '푸시'를 하게 된다는 걸 느꼈다. 그것은 자신의 과거 경험 때문이었는데, 그것이 오히려 도움이 되기도 한다고 했다. 항상 경각심을 느낀다는 것이다. 그는 어떤 일을 하면서 그것이 나의 욕망이나 욕심에 불과한 것인지, 진정 아이를 위한 일이 맞는지 항상 고민해왔고 지금도 고민한다.

몇 해 전 그는 인문학 열풍이 불었을 때 혹해서 관련 서적을 보게 됐다.

"대전에 인문학 강의가 있어서 들으러 갔는데, 거기서 말하는 것도 결국 '나는 무엇인가'에 대한 답을 찾는 거더라고요. 그래서 내 결핍을 채우려고 내가 먼저 노력하면 아이한테는 그게 환경이 돼서 자연스레 따라오게 되겠다는 생각이 들었어요."

부모가 달라져야 내 아이도 달라진다는 걸 깨달은 것이다.

"욕심이 나쁜 것만은 아닌 게 저 혼자 책을 읽기만 했다면 지루하고 재미도 없었을 거예요. 그런데 '내가 이렇게 책을 읽고 변하면 아이에게 뭔가 영향을 미치겠지'라는 생각이 드니 책을 더 재밌게 읽게 돼요. 다윤이가 저에게는 책을 읽는 확실한 동기 부여가 된 셈이죠."

결국 이것도 욕심에서 비롯한 것이지만, 그를 자극하고 움직이게 하는 적당한 욕심이 자신을 변화시키는 원동력이 됐다. 시작은 아이 때문이지만 책을 읽다 보니 스스로 자기를 치유하고 아이와 함께 성장하게 된 것이다.

한 번에 모든 걸 다 채울 수 없다

남편 강 씨는 공부를 잘하는 공대생이었다.

"지금 생각하면 보통의 공대생처럼 책을 별로 안 읽은 거 같아요. 그래서 후회되기도 해요. 전공책 욕심이 많아서 그 책은 많이 샀죠."

그도 지식에 대한 결핍으로 책을 샀다고 했다.

"모르니까 책이라도 사면 알겠지 싶어서 샀어요. 머릿속에 다 집어넣어야 하는데 그게 안 되니까 사기라도 한 거죠."

그는 지금도 일이 바빠서 책을 읽을 시간은 많지 않지만, 기회가 될 때마다 역사책을 주로 읽는다고 했다. 옆에 있던 정 씨가 말을 덧붙였다.

"남편도 책 욕심이 있어요. 그러니까 이렇게 책을 많이 사도 뭐라고 안 하죠. 보통 아빠들이 책을 사면 쓸데없는 데 돈 쓴다고 뭐라 하고, 애들한테는 또 책 안 본다고 뭐라 하잖아요. 그래서 엄마들이 속상해 하는데 저희 남편은 그걸 안 해요."

아내의 말이 끝나자마자 강 씨가 부연 설명을 한다.

"안 한 건 아니죠. 책보다 저는 책장을 너무 많이 사서 아직도 불만이긴 한데, 이제 포기했어요. 어차피 책으로 이미 집을 다 덮었고, 또 자기 돈으로 많이 사기도 했으니. 저는 육아는 맡기고 신경 안 쓸 테니 알아서 하라고 했어요."

그는 아내가 아이를 열심히 가르치려고 하는 모습이 보기 좋았고, 돈도 자기가 알아서 쓰는 거니까 묵묵히 지켜봤다고 했다.

"관심사가 달라서 아내와 같은 책을 읽지는 못하는데, 아내가 얘기는 많이 해줘요. 근데 제가 다 못 들어주죠.(웃음) 요즘엔 휴가 내고 일주일 정도 어디 가서 책 좀 실컷 봤으면 좋겠어요. 특히 소설처럼 편하게 읽을 수 있는 책이요."(강동오 씨)

"환경이 중요하다 보니 아빠나 엄마가 책을 읽는 게 좋긴 한데, 꼭 둘 다 그럴 필요는 없는 거 같아요. 대신 남편은 아이랑 정말 잘 놀아줘요. 박물관 가면 애한테 혹하게 설명을 잘 해줘요. 그러면 아이가 푹 빠져서 그 설명을 듣죠."(정혜원 씨)

이 가족은 여행을 많이 다니는 편인데, 특히 박물관을 자주 간다. 가보니 아이가 좋아하고 《삼국사기》, 《삼국유사》도 재밌게 읽었다. 박물관에 간 다윤이는 자기가 책에서 봐서 아는 왕이 나오니까 흥미로워했다. 강 씨가 "역사를 잘 안다기보다 아이한테 눈높이를 맞추려고 노력하는 편이죠."라고 말하자, 정 씨는 바로 맞장

구치며 "남편은 눈높이를 정말 잘 맞춰줘요. 그리고 제가 앞서나가는 부분에 항상 태클을 걸어요. 그러면 '저는 내가 너무 과했나? 내 욕심인가?' 스스로 점검하게 되죠. 남편이 항상 중간에 제어해주는 역할을 해요."라고 말했다. 처음에 아내에게 육아를 일임하고 아무것도 안 한다고 말한 남편은 사실 이 가정에서 가장 중요한 역할을 하고 있었다. 바로 '중재자'였다.

그들은 체험 활동을 가서도 마찬가지다. 엄마는 보통 여느 엄마처럼 어디 가면 아이한테 하나라도 더 알려주려고 하는데, 아빠는 항상 '또 오면 되지'라는 말을 반복했다. 남편은 아내가 어디 가자고 하면 무조건 간다. 그리고 빨리 집에 가자고 닦달하거나 다그친 적이 한 번도 없다. 강 씨는 "그런 곳을 가면 아이보다 엄마가 더 좋아한다."라고 말했다.

정 씨는 "처음에 박물관에 가면 아이랑 아빠는 내버려 두고 저의 결핍을 채우기 위해 혼자 막 돌아다녔어요. 어릴 때 가보지 못해서 항상 저 중심으로 다녔죠. 남편이 '너밖에 모른다. 애는 안 보고 너만 그리 보냐?'라고 해서 내가 너무 이기적인가 싶었는데, 내가 이렇게 쌓아 가는 것이 애한테도 좋은 환경이 되니까 괜찮다고 생각해요."라고 목소리를 높였다.

정 씨네 가족은 경주랑 부여를 이미 여러 차례 다녀왔다. 갔던 곳을 수십 번 또 갔다.

"한군데를 여러 번 가서 익숙해지면 다른 데 가도 비슷해요. 어차피 아이들이 용어를 배우는 거잖아요. 기초를 튼튼히 하는 건 여러 개를 많이 체험하는 것보다 한 곳을 여러 번 다니면서 체험하는 게 더 나은 것 같아요. 남편은 여러 번 가도 같은 설명을 몇 번이고 되풀이해줘요."

남편과의 갈등도 책으로 푼다

정 씨는 아이한테 책을 사주듯 자신에게도 책을 사줬다.

"애를 보니까 일단 집에 책이 많으니까 항상 보더라고요. 그래서 나도 그렇게 해야겠다 싶어서 제 책도 막 샀어요. 책장 위쪽은 주로 제 책이에요. 또 인문학 강좌를 듣고 나서 나를 먼저 채워야겠다 싶은 생각도 들었고요. 근데 잘 안 읽히더라고요. 그래서 계획을 세워서 봐야겠다 싶었어요."

그래서 일단 자신의 퇴직금으로는 아이가 읽을 책을, 남편의 인센티브로는 자신이 읽을 책을 사기로 마음먹었다.

그는 책을 많이 안 읽어봐서 독서 호흡이 길지 않았다. 그래서 자신만의 방법을 찾아갔다. 한 권의 책을 끝까지 한 번에 다 읽는 게 아니라 이 책을 읽었다가 저 책을 읽었다가 하는 식으로 책을 읽었다. 그러면서 다양한 분야의 책을 사서 하루에 몇 페이지씩 읽어야겠다는 목표를 세우고 독서량을 조금씩 늘려갔다. 공부하듯이 책을 읽은 것이다.

"아이를 보니까 습관이더라고요. 애도 그렇고 저도 그렇고, 재밌어야 하는 거니까. 책 읽는 사람은 보통 심심할 때 책을 보잖아요. 그런데 저는 그게 안 되었던 거예요. 책은 안 보고 대신 텔레비전이나 인터넷, 스마트폰을 갖고 놀았어요. 책을 재미있게 읽으려면 그만큼 배경지식이 쌓여야 하는데, 저는 그 경험이 없으니까 생으로 노력할 수밖에 없었죠. 제가 처음에 애한테 열심히 책을 읽어줬던 과정을 지금 저 자신에게 하는 중이에요."

정 씨는 책을 읽으려 노력하는 속내를 이렇게 털어놓았다.

"심리학책이랑 인문학책도 사고 베스트셀러도 사고 대중은 없어요. 일단 관심이 생기면 애한테 하던 것처럼 다 사고 봤어요. 그리고 조금씩 보면서 몇 가지 답을 얻었어요. 보통 책을 볼 때 나를 중심에 두고 내가 누구인지 생각하면서 봐요. 뇌과학 책이나 자연과학 책을 읽으면서도 마찬가지죠. 내가 조금 알면 조금 아는 만큼의 사람밖에 안 되지만 내가 많이 알면 또 나도 그만큼의 사람이 된다고 생각해요."

남편도 그런 아내의 변화를 느꼈다.

"많이 변했죠. 책을 읽으면서 아내가 엄마로서 성숙해졌다는 느낌을 받았어요. 그전까지는 의욕만 넘치고 서툴렀는데, 지금은 조금씩 길을 찾아가는 것도 보여요."

옆에서 정 씨가 남편을 보며 웃으며 말했다.

"제가 책을 보면서 육아를 열심히 하니까 남편이 예뻐하고 좋게 봐줬어요. 특히 책을 보면서 좋았던 게 신랑과의 문제도 많이 풀렸다는 거예요. 책에서 답을 얻어서 문제가 해결되기도 하고. 남편의 표현에 의하면 한마디로 '인간 됐다' 이런 거? 아직도 된장 아줌마라 그래요."

부부간에 구체적으로 어떤 갈등이 있었는지 궁금했다.

"저는 직관적인 사람이에요. 반면 남편은 이성적인 사람이에요. 공대생이다 보니 항상 이성적으로 생각해요. 저이는 항상 '왜'가 중요한 사람이에요. 과학적 사고를 하며 '왜'를 먼저 따졌죠. 저는 뭔가 생각나면 바로 행동하고 바로 이뤄져야 하는데, 남편은 그게 아니니 부딪혔죠. 당시 남편은 문제점을 지적하며 저더러 '생각 없다'는 말도 했었어요."

정 씨는 이렇게 당시를 회상했다. 이들의 갈등은 책이 풀어주었다. 정 씨는 '내가 정말 생각 없는 걸까?' 생각하다 뇌과학 책을 읽었는데, 거기 정답이 있었다.

"그 책을 보니 사람은 직관이 먼저라고 나오더라고요. 그 전에 저는 이성이 직관보다 우월하다고 생각해서 나는 남편보다 못하다는 생각이 있었어요. 남편은 이성적이기 때문에 여러 가지를 고민해서 생각하는데, 나는 직관적이라 그게 떨어지는구나 했죠. 근데 책을 보니 결국 똑같은 능력이더라고요. 항상 직관이 먼저 나오고 이성이 직관에 이유를 대는 거래요. 그 순간 확 깨는 거예요. 이렇게 이해하고 나니까 그다음부터 대응하기가 편해지더라고요. 전에는 내가 직관적으로 행동하는데 이 사람이 나한테 뭐라고 그러면 짜증이 확 났어요. 그렇지 않아도 내가 못났다고 생각하는데, 저 사람까지 뭐라고 하면 얼마나 화가 나요. 자꾸 생각 없다고 하니까 진짜 속상했는데, 책을 읽은 뒤에는 '그냥 내가 다른 성격의 사람이구나.' 하고 이해하게 됐어요. 사실 내가 못났다는 생각이 안 드니까 다르다는 게 받아들여지더라고요."

그는 그러면서 하나씩 풀려가더라고 얘기했다.

책은 인생의 파트너

정 씨의 독서는 처음에는 교육에 대한 욕심에서 시작해서, 그 다음은 아이를 향한 자신의 욕망, 그리고 자신과 아이의 동반 성장이라는 진화의 과정을 거쳤다. 책이 자신 안의 문제를 큰 그림 안에서 하나로 볼 수 있게 해준 것이다.

"얼마 전에 생각한 건데, 사람은 누구나 우물 안 개구리잖아요. 그런데 아는 게 한정돼 있으니, 그걸 한 번에 뛰어넘는 건 안 되는 거 같아요. 우물 안쪽의 벽을 조금씩 쳐내서 넓혀가는 거죠. 그러다가 강줄기를 확 만나기도 하는 것 같아요. 저에게는 그 과정이 책을 통해 나를 찾아가는 과정이나 마찬가지예요."

그에게 책을 읽는 것이 우물 안쪽의 벽을 넓혀가는 과정이고, 삶의 깨달음을 얻는 것은 강줄기를 만나는 일이다.

책은 그가 아이를 키울 때 방향을 잡아주고, 인생을 어떻게 살아갈지 길을 제시해주는 소중한 존재다. 그는 지금도 자신의 결핍이 채워진 것이 아니라 채우는 과정이라고 말한다. 그는 책을 통해 확실히 전보다 행복해졌다. 또 자신과 가족 모두 지금 이 순간 행복한 사람이 됐으면 좋겠다고 얘기했다.

"내가 왜 행복한지 이유가 있잖아요. 행복의 조건들이 있잖아요. 남편 돈 잘 벌고 아이가 공부 잘해서 행복할 수 있는데, '지금 내가 행복한가' 이건 다른 문제인 거 같아요. 지금 제가 행복한 건 이 인터뷰 때문이에요. 제 얘기를 들어줘서."

그에게 책은 어느새 인생의 파트너가 됐다. 그는 "책이 금방 보고 다 외워지는 것도 아니고, 나중에 곱씹으며 생각하고 삶을 살아가는 과정으로서의 파트너가 됐다."라고 말했다. 그가 책을 읽는 이유는 자기 자신을 잘 알기 위해서, 그리고 지금 이 순간 행복하기 위해서다.

❋❋❋❋❋❋❋❋❋❋❋❋❋❋❋❋❋❋❋❋❋❋❋❋❋❋❋❋

우리집 독서 문화 만들기,
무엇이 좋을까?

가정에 독서 문화가 형성되었을 때 가정에 돌아오는 선물이 분명히 있다. 깨달음도 있다. 아홉 가정을 만나면서 그들이 받은 선물은 무엇인지, 무엇을 깨달았는지 그들이 책을 통해서 얻은 유의미한 가치를 들여다봤다.

"책 읽기는 생존이다." 최근 들어 독서를 생존의 다른 말로 정의하는 사람들이 늘어났다. 거꾸로 보면, "책을 읽지 않으면 죽는다."라는 말로도 해석할 수 있다. 무시무시한 소리다. 불안감 때문인지 무조건 많은 책을 빨리 읽어서 어떤 성과를 내보려는 사람이 많아졌다.

하지만 독서는 참 오랜 시간 공을 들여야 그 결과물을 보여준다. 꾸준한 운동과 적절한 식이조절이 아닌 무리한 방법으로 살을 뺐을 때 건강에 문제가 생기는 것처럼, 독서도 빠른 시간 안에 어떤 성과를 기대했다가는 별로 얻을 게 없다. 괜히 시간과 돈만 낭비하게 될 게 뻔하다. 또 독서가 억지로 하는 타율적인 활동이 되어 스트레스만 더해질 수도 있다.

그래서 독서는 '문화'라는 말과 참 잘 어울린다. 문화는 짧은 시간에 형성되는 것이 아니기 때문이다. 그리고 사람과 사람 사이에서 우리도 모르는 새 전파된다. 그런 점에서 '가정'은 독서 문화를 형성하기 가장 좋은 집합체다. 매일 일상을 함께하는 사람들이 서로 영향을 주고받을 수 있을 정도로 매우 가깝게 모여 있기 때문이다.

이렇게 가정이 독서하기 좋은 집합체이기 때문에 가정 독서를 해야 한다는 것은 아니다. 사실 중요한 것은 독서가 아니라 가정이다. 가정에서 독서 문화가 꽃을 피웠을 때 가정이 가져가게 되는 선물이 분명히 있다. 깨달음도 있다. 아홉 가정을 만나면서 그 선물이 무엇인지, 또 깨달음은 무엇인지 그들이 책을 통해서 얻은 유의미한 가치를 들여다봤다.

1. 책 읽는 습관은 위대한 유산이다

부모는 자녀에게 무언가를 남겨주고 싶다. 일반적으로 '큰 규모의 재산'을 남겨주고 싶은 부모가 많을 것이다. 일단 돈이 있어야 대대손손 잘 살아갈 수 있는 환경이 구축된다고 생각하기 때문이다. 하지만 있는 돈을 제대로 쓰려면 돈을 알아야 한다. 돈을 알려면 공부가 필요하다. 그냥 공부가 아니다. 돈에 얽힌 인문학적 공부를 하지 않으면, 즉 돈에 대한 혜안을 기르지 않으면 유산으로 받은 돈도 탕진하기 쉽다. 그런 점에서 돈은 지속가능한 유산이 되기 힘들다. 차라리 돈을 어떻게 써야 잘 쓰는 것인지를 사유하는 일상의 습관을 물려주는 편이 자녀의 풍족한 인생을 보장하는 길인지도 모른다.

독서 문화를 형성한 가정의 특징은 돈보다 더 가치 있는 정신적인 유산을 자녀에게 물려준다는 점이다. 흔히 유산은 물질적인 재화에 한정돼 있다고 여기기 쉽지만, 일상의 습관이나 추구하는 가치 등은 앞으로의 삶을 살아가게 하는 커다란 힘이 된다. 그런 점에서 이들의 유산은 지속가능성이 있다. 단순한 재화보다 더 큰 가치를 가진다.

신순화 씨네 다섯 자매는 모두 책을 좋아한다. 가난한 문학청년이었던 신 씨의 아버지 덕분이다. 책 읽는 것을 좋아하셨던 아버지는 가난한 형편이었지만 아이들한테 책을 한 권씩 사주시곤 했다. 도시로 이사를 온 뒤에는 청계천 등을 돌아다니며 중고 책을 사주셨다. 신 씨와 자매들은 자연스럽게 글쓰기에 익숙해졌다. 덕분에 큰언니와 신 씨는 지금 유명한 파워블로거다. 신 씨는 블로그를 통해 자신의 육아 이야기를 다른 사람들한테 소개한다. 아버지를 통해 책을 만났던 엄마는 아이들한테도 독서 유산을 물려주었다. 아들 최필규 군은 엄마와 책을 함께 나눠 읽는다. 방과 후에 돌아와 "엄마 빨리 책 줘요!"라고 외치는 일도 많다. "책 좀 봐라."라는 소리를 입에 달고 살아도 글 한 줄 안 읽는 아이를 둔 부모가 부러워할 모습이다.

김수경 씨네 가정에서도 책을 읽는 문화는 엄마에서부터 막내 딸에게까지 일종의 유산처럼 물려 내려오고 있다. 큰딸 조정환 씨가 읽은 책은 둘째 하영 씨가 읽었고, 하영 씨가 읽은 책은 막내 하은 양이 읽었다. 딸들이 한글을 제대로 읽기 시작하면서 각자의 취향대로 책을 직접 구입해서 읽는 문화가 자연스럽게 꽃을 피웠다.

엄마가 준 유산은 이것만이 아니다. 큰딸 조정환 씨는 엄마를 닮아 다른 사람한테 책을 선물하는 취미가 있다. 엄마 김 씨는 딸들이 친구의 생일잔치에 초대받았을 때 여지없이 책 선물을 쥐어줬다. "다른 선물은 금세 잊게 되고 없어지지만 책 선물은 그 집 서가에 두고두고 볼 수 있어서 네 생각을 더 많이 하게 될 거다."라며 다른 사람과 정신적 가치를 나누는 것의 중요성을 알려줬다.

최영민 씨는 독서 덕분에 아들 린이한테 앞으로 남겨줄 엄청난 유산이 있다. 그동안 읽은 책을 놓고 쓴 '독서 일기'다. 대학교 1학년 때부터 일기를 쓰기 시작한 최 씨는 책을 그냥 읽고 마는 게 아니라 읽고 나서 생산적인 적용을 해보고 싶다는 생각에서 책을 읽은 뒤 일기를 썼다. 이십 년 동안 두 달에 한 권씩 제본해 만든 일기책이 서가에 꽂혀 있다. 삶이 체화된 독서를 하고 싶다는 생각에 탄생한 이 기록이 훗날 아들 린이한테는 어떤 의미가 될까? 아마도 삶의 마디마디 어려운 일이 닥칠 때마다 지혜를 선물해주는 아빠표 고전이 되지 않을까 싶다.

"우리 집에는 대대로 내려온……." 과거에는 이 말 그대로 가정마다 '대대로 내려오는' 문화가 있었다. 예를 들어, 특정 음식을 만들 때 어떻게 만든다는 식의 레시피도 며느리와 며느리를 거쳐 물려주는 문화가 있었다. 하지만 가족의 규모가 줄어들고 가족의 의미도 달라지면서, 개별 가정에서 어떤 문화를 형성하고 이를 자녀에게 전수하는 일은 아주 낡고 낯선 풍경이 되어버렸다.

가정의 문화유산을 너무 거창한 곳에서 찾을 필요는 없을 것 같다. 지금 부모가 책을 읽고 있는 모습 자체가 자녀한테는 보이지 않는 유산으로 남겨질 수도 있으니 말이다.

2. 가정에 평등하고 민주적인 문화가 싹 튼다

요즘 가정을 보면 구성원의 역할이 예전과 많이 달라졌다. 옛날 우리네 아버지의 모습은 자상하지만 근엄하고 권위적인 경우가 많았다. 반면 어머니는 가정적이고 지고지순한 모습으로 기억된다. 그런 가정이 더는 '평균'이 아니다.

여성의 사회생활이 많아지면서 사회적 지위뿐만 아니라 가정 내에서의 위상도 달라졌다. 맞벌이 부부가 늘어남에 따라 남편과 아내가 집안일이나 육아를 분담하는 가정이 많아졌다. 아직 몇몇 어르신은 절대 이해하지 못하는 부분이지만 젊은 부부에게는 이미 자연스러운 일이다.

이처럼 '양성평등'이 실현되는 가정에서는 아이들도 부모의 영향을 받는다. 아빠는 이래야 하고, 엄마는 저래야 한다는 고정된 성 역할이 없기 때문이다. 아이들은 아빠와 요리를 해먹고 책을 읽는

다. 또 엄마와 DIY 가구를 만들고 청소한다. 이렇게 생활하는 것이 익숙한 가족은 그 문화 자체가 평등하고 민주적일 수밖에 없다. 이런 부부는 당연히 아이들을 대할 때나 책을 대할 때도 마찬가지다.

신순화 씨는 남편과 자주 대화하고 집안일도 함께한다. 아이들을 키우면서도 그랬다. 내가 시키고 싶은 것이 아니라 아이가 재미를 느끼는 게 먼저였다. 이 때문에 무슨 일을 해도 아이의 의견을 먼저 물었다. 독서도 억지로가 아니라 최대한 즐기게 해주고 싶었다. 그래서 아이가 보고 싶다는 책은 그냥 보게 내버려뒀다.

첫째 필규는 책장에 꽂혀 있는 책 중에 읽고 싶은 책은 다 본다. 아빠 책이든 엄마 책이든 가리지 않는다. 엄마와 영화 잡지도 함께 구독한다. 신 씨는 "억압하고 금지하면 거기에 대한 호기심이 오히려 커지는 것 같아요. 근데 아이의 수준에 맞게 정보를 주면 그 선에서 채워지고 넘어가게 돼요."라고 말했다. 그는 아이가 어떤 질문을 해도 당황하지 않고 대답해 준다. 어차피 아이가 어른 책을 읽어도 자기가 아는 만큼만 이해하고 받아들이게 된다는 생각에서다. 그는 무슨 책이든 자기의 취향대로 이해하고 느끼는 게 중요하다고 말한다.

조범희 씨는 아이들의 사소한 이야기에도 다 귀를 기울여야 한다는 철칙을 세워뒀다. 어린 시절의 기억 때문이다. 조 씨의 아버지는 매우 엄격한 분이셨다. 그는 "이건 안 돼!"라는 소리를 자주 들었으며 혼난 기억도 많았다. 그는 "어릴 때는 막연히 내가 잘못해서 혼나는 것으로 생각했는데 다 자라서 보니까 무조건 제 잘못만은 아니었다는 생각이 들었습니다. 어른이 아이들한테 무조건 '안 된다'는 소리를 할 게 아니라 '이건 이래서 안 했으면 좋겠다'고 하나씩 설명해주고 이해를 시켜주면 좋겠다는 생각이 들었어요."라고 얘기했다.

아빠가 '안 된다'는 말을 하는 이유가 자신을 아끼고 사랑하기 때문이라는 것을 아이가 이해할 수 있도록 설명해주는 것이다. 그는 그렇게 아이를 배려하는 아빠가 되고 싶었다고 설명했다. 어른이라고 아이들에게 무조건 지시하고 통제하기보다는 평등한 입장에서 대화를 나눌 수 있는 친구 같은 아빠. 누구나 꿈꾸는 아빠의 모습이 아닐까.

그는 책을 매개로 아이들과 대화한다. 딸들에게 책을 읽어주고 함께 읽으며 자신이 딸들을 얼마나 사랑하는지, 얼마나 관심이 있는지 표현할 수 있다고 말했다. 조 씨뿐만이 아니다. 가정 독서 문화가 자리 잡은 가정은 모두 대화가 꽃을 피운다. 책을 주제로 자연스레 이야기가 오가고, 그 속에서 서로의 관심사나 생각을 알 수 있다.

아빠나 엄마, 혹은 아들, 딸과 대화하는 것이 어색하고 방법을 모른다면, 먼저 함께 책을 읽어보는 건 어떨까. 또 자신의 고민이나 속마음을 털어놓기가 어렵다면, 자기가 공감한 책을 부모 혹은 자녀에게 선물해 보자. 책은 가정 내에서 민주적인 문화를 싹 틔울 뿐만 아니라 부모와 자식 간, 부부 사이, 형제·자매 사이에 서로 소통하고 이해하는 데 좋은 도구가 될 수 있다.

3. 대화가 풍성하게 살아 있다

가족은 다른 말로 식구食口다. '한집에 살면서 끼니를 같이하는 사람'이다. 끼니를 같이하니 당연히 한 밥상 앞에 앉아 이야기를 나눌 수밖에 없다. 하지만 요즘 우리 사회의 가족 구성원은 '무늬만 식구'인 경우가 많다.

아버지는 새벽같이 나갔다가 밤늦게 귀가하는 일이 많다. 아이들도 아이들대로 바쁘다. 아직 입시 레이스 위에 서 있는 자녀는 학교와 학원을 오가느라 시간이 없다. 식구 얼굴을 마주하고 밥 먹고 대화를 나누는 것은 대학에 가서 실컷 할 수 있다고들 말한다. 하지만 대학에 가면 또 다른 이유로 바빠진다. 이런 환경에서 어머니는 어머니대로 고립된다. 심각한 경우에는 자녀의 매니저 노릇만 하며 중년기를 보내면서 '마마보이'와 '마마걸'을 길러내기도 한다. 여러 이유가 있겠지만 바쁘다는 핑계로 서로 어떻게 지내는지, 무

슨 생각을 하는지 대화를 나누지 못해 생기는 현상이라고 해도 과
언은 아니다.

이러한 현실에서 가정 안에 독서 문화를 확립했을 때 얻을 수
있는 것이 있다. 다름 아닌 가족 사이의 대화다.

아빠 : 요새 성적은 잘 나오니?
엄마 : 이번에 성적 엉망이었잖아. 정신 좀 차려야 해. 당신 그
　　　러니까 학원 보내게 열심히 좀 벌어요.
아들 : ⋯⋯.
딸 : 엄마, 아빠, 나 만 원만!

아주 일반적인 가정의 가족 구성원이 밥상 앞에 앉아 나누는
이야기의 소재는 참 한정적이다. 이 가정의 대화처럼 성적이나 돈
문제에 머무른다. 반대로 자신만의 독서 문화가 있는 가정에는 이
야깃거리가 참 풍성하다. 책이 대화의 소재를 마련해주고, 그 대화
는 대화를 넘어서 하나의 토론으로 이어지기도 한다. 그래서 이런
가정을 방문하면 '사람 사는 집 같다'는 느낌을 받을 때가 많다.

황수대 씨와 부인 김수왕 씨는 딸과 책을 매개로 대화를 나누
는 일이 많다고 했다. 딸이 초경을 했을 때는 초경과 관련한 책을
함께 읽고 대화를 나눈 적도 있다. 딸이 성장한 뒤로는 누군가의

관점이 담긴 칼럼집 등을 읽으며 사회 변화나 문제에 대해 꽤 깊은 생각을 주고받기도 한다. 그 과정에서 아빠는 딸이 그만큼 자기 주관이 뚜렷하고 세상을 보는 눈을 가진 한 사람으로 성장하고 있다는 것을 느낀다. 이렇게 책은 부모와 자식 사이의 대화를 이어주고 지적, 정서적 교감을 돕는 매개체 구실을 톡톡히 한다.

이원재 씨 가정에서는 거실에 '가족 살롱'을 만들어둔다고 했다. 이름이 거창해서 그렇지 식탁 앞에 모여 각자 하고 싶은 일을 하면 된다. 가족은 한자리에 모여 신문, 책, 인터넷 자료 등을 각자 읽으면서 여러 가지 대홧거리를 던져놓는다. 엄마, 아빠, 자녀가 요즘 어떤 문제에 관심을 기울이는지, 어떤 생각과 고민을 하는지를 서로 들여다볼 수 있는 시간인 셈이다.

두 가정의 사례만 봐도 가정 독서가 주는 선물이 뭔지 쉽게 알 수 있다. 이들 가정에는 대화하려고 하면 무슨 말부터 꺼낼지 몰라서 머뭇거리는 어색함이 없다. 거창하게 생각할 필요 없다. 지금 가족 구성원 가운데 누군가 보고 있는 책이 바로 대화의 첫 소재가 될지 모른다. 예를 들어, 그림책인 《돼지책》(앤서니 브라운, 웅진주니어)을 놓고 아래와 같은 대화가 오가면 어떨까?

딸 : 아빠, 앤서니 브라운의 《돼지책》 알아? 거기 나오는 아빠 말이야, 꼭 아빠 같아.

아빠 : 왜? 아빠가 돼지니?

딸 : 아니, 한 번 읽어봐요. 짧거든.

잘 알려졌다시피 《돼지책》은 엄마한테 요구만 하는 가족의 모습을 통해 엄마의 고마움을 알려주는 책이다. 이 대화에서처럼 엄마한테 무조건 가사를 떠넘기는 아빠를 보며 이렇게 도발적인 대화를 시도하는 딸이 있다면 어떨까? "가사 분담은 어떻게 해야 하나?"라는 주제로 가족 토론이 시작될지도 모른다. 아니, 가사 일에는 나 몰라라 하던 아빠의 태도가 내일부터 바뀔지도 모를 일이다.

4. 아이가 자기 주관이 뚜렷하게 자란다

우리나라만큼 자녀가 부모에게서 독립하는 시기가 늦는 나라도 없다. 최근에 등장한 '캥거루족'은 이런 현상을 아주 극단적으로 보여준다. 이들은 부모한테 경제적으로 의존하는 것을 당연하게 받아들이는 이십 대를 의미한다. 대학 교육을 마쳤지만 자립하지 못한 채 집에만 거주하는 경우가 대부분이다. 이들은 취업을 '못하고 있다'고 말한다. 하지만 엄밀히 말해서 '안 한다'고 말하는 게 맞다. 이유가 있다. 눈높이가 너무 높기 때문이다.

"대학원에다가 유학까지 다녀왔는데 이 정도 회사에 만족해야 하나?"

이들에게는 꿈이 없다. 그저 '높은 연봉을 주는 대기업'이 이들의 막연한 목표일 뿐이다. 어려운 세대를 거쳐 온 부모는 "배가 덜 고파서 저런다."라고 말하지만 사실 그런 부모의 가정에도 이런 '캥거루족'이 한 명쯤 있다.

이렇게 '몸만 커버린' 청춘이 늘어나는 데는 부모도 한몫을 한다. '헬리콥터 부모'라는 말이 있다. 자녀가 성인이 되고 결혼할 때까지, 아니 그 이후까지 자녀 곁을 헬리콥터처럼 맴돈다는 의미다. 이렇게 우리나라 부모는 자녀를 자립하지 못하도록 지원 이상의 간섭을 해댄다. 자녀의 인생을 걱정해주는 것을 넘어서 자녀 인생이 곧 내 인생이라고 착각하기 때문이다.

이들에게 자녀의 출세는 곧 나의 출세다. 자녀가 명문대에 들어가는 것은 내가 명문대에 들어가는 것과 마찬가지다. 내 인생을 곧 자녀의 인생이라 여기기 때문에 자녀의 성공을 위해 이들은 전폭적인 지원을 아끼지 않는다. 그 속에서 자녀의 주체적인 인생 선택권은 물론이고, 부모의 인생도 사라진다. "내가 너한테 이렇게 아낌없는 지원을 했는데……."라고 말해본다. 하지만 이미 늦었다. 늙어버린 자녀는 하고 싶은 일이 뭔지도 찾지 못한 채 부모 곁에서 기생할 뿐이다.

독서 문화를 확립한 가정을 보면서 인상 깊었던 대목은 이들 가정의 자녀는 자기 주관이 뚜렷하고, 자신의 인생 지도를 스스로 그려볼 줄 아는 사람으로 성장했다는 점이다.

김수경 씨의 큰딸 조정환 씨의 꿈은 '그림책 작가'가 되는 것이다. 김 씨는 "그림책은 애들이나 보는 것으로 생각하지 않는다."라고 했다. 그림책만큼 함축적으로 많은 의미를 담아낼 수 있는 책이 없다는 것이다. 대학 입학 시험을 치를 때도 면접관 앞에서 "어른이 볼 수 있는 그림책을 써보고 싶다."라고 포부를 밝혔다. 아마도 '세상 사람들이 원하는 돈벌이'가 아닌 '내가 간절히 원하는 꿈'을 조리 있게 말하는 모습을 보고 면접관들이 마음속으로 '합격!'을 외치지 않았을까 싶다. 조 씨가 이렇게 자신의 주관을 뚜렷하게 담은 꿈을 꾸게 된 데는 어린 시절부터 엄마 김 씨와 함께 읽은 책들, 그리고 엄마와 나눈 대화가 큰 영향을 끼쳤다.

황수대 씨의 큰딸 황가현 양은 남들 다 가는 정해진 길이 아닌 '나만의 길'을 찾고 있다. 황 양은 대전 지역에서 공연 기획을 하는 사람들과 공연 기획 관련 일도 해봤고, 한 극단에서 올린 연극에 스태프로도 참여해봤다. 황 양은 남들보다 일찍 세상에 나와 사람들을 만나고 직접경험을 쌓으면서 진로를 찾는다.

정답만을 요구하는 학교의 수업이며 평가 방식에 회의를 느낀 황 양한테 "고민이 있니?"라고 물어봐 준 것은 다름 아닌 부모님이다. 평소 책을 놓고 대화를 나누는 분위기가 형성돼 있었기 때문에 이들 가정에서는 자신의 생각을 털어놓는 것이 어색하지 않은 일이었다. 학교 자퇴를 결정할 때 많은 친구가 두려움을 느끼지만 황 양은 "내 곁에 제2의 부모님이나 다름없는 책이 있었기 때문에 큰 두려움 없이 선택했다."라고 말했다. 황 양는 책에서 만난 세상을 직접 몸으로 만나고 싶었던 모양이다. 그리고 그 선택 옆에는 세상을 다양한 관점으로 바라보는 사람들의 책이 놓여 있다. 황수대 씨는 "대학 공부가 정말 필요하다고 스스로 생각하면 나중에라도 가면 되는 거다."라며 "딸이 학교를 나온 뒤 더 활기차졌다."라고 즐거워했다.

책을 놓고 대화를 많이 나눈 가정은 서로에 대한 믿음이 두텁다. 내 아들이, 내 딸이 어느 정도 성숙한 생각을 품고 사는지, 얼마나 믿음직스러운 아이인지 부모는 안다. 이런 아이들은 자기 주관이 뚜렷한 인격체로 성장하고, 단단한 모습으로 자기 진로를 개척해나간다.

얼마 전 태풍이 몰려온다고 했을 때 소셜네트워크서비스를 통해서 우스우면서도 한편 씁쓸함을 남기는 문구가 돌아다녔다.

태풍아. 너는 좋겠다. 진로라도 정해져 있잖아.

– 대한민국 십 대

맞다. 요즘 십 대의 가장 큰 고민은 "내가 뭘 하고 싶은지 모르겠다."라는 것이다. 진로를 찾지 못해 걱정인 자녀한테 가정 독서는 진로 찾기를 도와주는 중요한 처방전이 아닐까도 싶다.

5. 글을 쓰는 데 두려움이 없어진다

"글 잘 써서 돈을 버는 법을 알려드립니다." 얼마 전, 한 도서관에서 열린 강좌 제목이다. 글을 쓰는 일마저 돈벌이로 전락한 느낌이 들어 씁쓸해진다. 하지만 글을 잘 쓰는 사람한테 정신적으로나 물질적으로나 풍요로운 삶이 보장된다는 건 맞다. 특히 요즘 같은 시대에는 세상의 많은 일이 글을 매개로 소통하는 방식으로 해결되기 때문에 글 한 줄의 중요성이 더 강조된다.

글을 잘 쓰면 얻어지는 게 많다. 이메일 한 통을 보낼 때도, 보고서 한 줄을 작성할 때도 유용하다. 시인 김용택 씨는 "CEO를 대상으로 강의할 때 짧게 글을 써보라고 한다. 막상 글을 받으면 제대로 못 쓰는 분이 많은데 나는 거기에 대고 '이렇게 글을 못 써서 어떻게 회사를 운영하고 보고서를 검토하느냐?'고 되묻는다."라고 말한다.

가정 독서 문화를 일궈놓은 가정의 특징 가운데 하나는 가족 구성원이 글을 쓰는 데 두려움을 느끼지 않는다는 사실이다. 흔히 글쓰기는 읽고, 생각하고, 말하는 것의 총합이라고 말한다. 그런 점에서 혼자 책을 읽는 게 아니라 가정 안에서 책을 함께 읽으며 생각하고, 이야기를 공유하는 행위가 글쓰기의 기초 체력을 만들어 준 것이 아닐까 싶다.

한 예로, 김수경 씨의 둘째 딸인 조하영 씨는 대학 진학 준비를 하면서 책을 읽은 힘을 제대로 알게 됐다고 했다. 자기소개서, 면접 준비 등을 할 때 다른 친구들은 난감해했지만 조 씨한테는 이런 평가 과정이 크게 어렵지 않았다. 성장 과정, 학과에 지원한 동기, 지금까지 했던 다양한 활동 등 이야깃거리가 풍부했고, 이를 글이나 말로 잘 풀어쓸 수 있었다. 평소 엄마 김수경 씨를 통해 글을 읽고 쓰는 일이 몸에 체화돼 있었기 때문이다. 대학에 진학한 뒤에도 프레젠테이션 발표를 준비할 때 남들보다 효과적으로 빨리 준비하는 것을 보면서 '이것이 책의 힘이 아닐까' 느끼고 있단다.

책을 많이 읽은 사람이 글을 잘 쓴다는 사실을 과학적으로 입증한 결과는 본 적이 없다. 다만 글을 잘 쓰는 사람 가운데 책을 싫어하는 사람이 거의 없어서 사람들은 "책을 많이 읽으면 글도 잘 쓰게 된다."라고 말하는 것이 아닐까 싶다. 틀린 말은 아닐 것이다. 다만 책만 많이 읽어서는 좋은 글을 내놓기는 힘들다. 책만 많이 봤다가는 남들과는 소통하기 힘든 글, 가슴을 울리지 못하는 글만 쓰게 될 게 뻔하다. 책과 읽는 것과 함께 다양한 경험을 해야 글이 풍부해진다.

경험을 함께 나누기에 가족만큼 좋은 구성원도 없다. 같은 책을 읽고 대화를 나누는 것부터 시작해서 책에서 본 것을 직접 눈으로 보러 다니는 직접경험도 할 수 있다. 이런 과정에서 읽은 힘과 쓰는 힘이 만날 수 있다.

물론 이런 활동 자체를 지나치게 기계적으로, 의식적으로 할 필요는 없다. 읽는 것과 쓰는 것은 모두 오랜 시간 공을 들여야 결과물을 도출할 수 있다. 사심 없이 시작해야 활동이 즐거워지고, 적극성을 띠게 된다. 아이가 글을 잘 쓰길 바란다? 어렵지 않다. 마음을 비우고, 함께 책을 읽고, 이야기부터 나누면 된다. 가정 독서 문화를 일군 가족들의 대답이다.

6. 독서를 억지로 강요하지 않는다

요즘에는 독서이력제니 독서 논술이니 아이들의 독서와 관련된 활동이 참 많다. 독서이력제는 입학사정관이 수험생의 독서 이력을 확인하기 위한 시스템이다. 교육과학기술부가 지난해부터 자기주도학습전형의 일환으로 '독서이력제'를 적극 지원하면서 '계획적 독서'에 대한 학부모의 관심도 높아졌다. 독서 논술은 말 그대로 책을 읽은 뒤 논술하는 것이다. 창의력과 논리력을 키워준다고 하는데 글쎄, 과연 그럴까?

독서를 공부나 교육으로 생각하는 부모가 있다. 그 순간 아이들은 책과 멀어진다. 억지로 시켜서, 어쩔 수 없이 하는 독서가 얼마나 재미있겠는가. 독서도 계획해서 관리해야 하는 하나의 '스펙'이 되어버린 요즘, 부모들은 권장 도서 목록을 뽑아서 아이가 반드시 읽도록 한다. 또 독서 논술 대회나 독후감 쓰기 대회에 나가 상을 타오길 바란다. 대학 입시 때 지원서에 한 줄이라도 더 넣기 위해서다.

이런 교육적 목적으로 책을 읽는 것이 아니더라도 독서하는 사람 중에는 책에 집착하는 이들이 있다. 베스트셀러는 꼭 읽어야 한다거나 반드시 서가를 만들어야 한다거나 책은 꼭 사서 봐야 한다는 것 등등. 하지만 가정 독서 문화를 형성한 가정은 독서 집착이 없었다. 그저 자기가 보고 싶을 때 보고 싶은 책을 보고 싶은 만큼 읽었다.

황수대 씨는 아들 범식 군이 어릴 때는 책을 좋아했지만, 요즘은 예전만큼 책을 읽지 않았다고 했다. 하지만 그는 아이에게 왜 읽지 않느냐고 다그치거나 읽으라고 강요하지 않는다. 엄마 김수왕 씨는 친구들과 어울리기를 좋아하는 아들을 보며 "'아, 우리 아들이 컸구나!' 싶었어요. 저 시기에 친구들이 좋아지는 건 자연스러운 거잖아요. 억지로 책이나 공부로 관심을 돌리라고 하지는 않아요. 다시 바뀔 걸요."라고 말한다. 독서는 물 흐르듯 자신이 원할 때 책을 읽는 것이다.

최영민 씨 가정도 마찬가지다. 최 씨는 누구보다 책을 많이 읽는 '독서 마니아'지만 부인과 아이에게 책을 읽으라고 강요하지 않는다. 한 번 볼만한 내용이다 싶으면 추천해주긴 하지만, 읽는 것은 전적으로 본인이 선택할 문제다. 책을 안 읽는다고 세상을 사는 데 문제가 생기는 것도 아니기 때문이다. 필요할 때 읽고 싶은 책을 읽으면 그만이다.

이원재 씨 가정은 도서관 투어를 즐긴다. 꼭 책을 사서 봐야 한다고 생각하지 않는다. 오히려 도서관에서 책을 빌려서 보기 때문에 다양한 책을 더 많이 접할 수가 있다. 책을 사서 보면 자신이 고른 책만 보게 되지만, 도서관에 가서 책을 빌려 보면 예기치 않게 읽게 되는 책도 있다. 그중에서 인생의 보물 같은 책을 만날 수도 있다. 또 필요한 책은 도서관에 신청해서 읽을 수 있다. 도서관에 없는 책을 신청하면 도서관에서 사다가 비치해둔다. 신청한 사람에게 우선 대여할 기회도 준다. 이런 문화에 익숙한 딸 예담이는 친구들을 보며 의아해했다. 학교에 가면 선생님이 숙제를 내주는 책을 자신을 제외한 거의 모든 친구가 사서 가져오기 때문이다. 자신이 원해서, 읽고 싶어서 책을 사서 읽는 것은 괜찮지만 숙제이기 때문에 무조건 사는 것은 이해가 안 된다고 했다. 그래서 예담이네 집에는 빌려 온 책들로 책장이 가득 차 있다. 돈이 없어서 책을 못 읽는다는 것은 옛날 얘기다. 책을 읽을 방법은 얼마든지 있다. 집에서 가까운 도서관을 찾아가 보자. 책을 읽고 빌리는 것뿐만 아니라 '작가와의 만남' 등 특별한 이벤트에도 참여할 수 있다.

원하지도 않은 책을 억지로 읽는 것은 누구에게나 곤혹스러운 일이다. 또한 책은 어떻게 읽어야 한다는 정답도 없다. 어른이나 아이나 책을 좋아하고 독서를 즐기고 싶다면, 자기가 원하는 대로 마음껏 책을 읽도록 내버려둬야 한다. 그게 진정으로 책과 가까워지고, 재밌게 독서하는 길이다.

7. 평생 가지고 놀 놀이감을 만들어준다

아이가 있는 부모는 주말이 반갑지 않다. 아니, 오히려 괴로울 때도 있다. 이번 주에는 아이들을 어디에 데려가 무엇을 보여줘야 하나 하는 고민 때문이다. 대부분 박람회나 전시회에 가거나 근교로 체험 활동을 간다. 과거와 비교해 볼거리, 즐길 거리는 풍성해졌지만 사실 제대로 된 아이들의 놀이 문화는 없다.

예전에는 집 밖에 나가는 순간 모든 게 놀이였다. 냇가에서 고기 잡고, 들에서는 곤충 잡느라 해가 지는 줄 몰랐다. 골목에서는 돌만 있으면 비석치기를 하고, 바닥에 선을 그어 오징어, 돈까스 게임을 했다. 지금 아이들은 집 밖에 나가면 대부분 높은 건물에 아스팔트 도로뿐이다. 놀이터에 가서도 스마트폰으로 게임하는 아이들로 가득하다.

놀이 문화는 다양해졌지만 제대로 놀 줄 아는 아이는 찾아보기 힘들다. 텔레비전과 인터넷, 스마트폰이 아이들이 신 나게 뛰노는 것을 가로막고 있다. 그러다 보니 요즘 아이들은 '자연을 벗 삼기'보다 이런 기계를 벗 삼으며 영상에 더 익숙해졌다. 훨씬 자극적이고 중독되기 쉬운 기계에 빠진 아이들은 책과 점점 멀어질 수밖에 없다.

독서 문화가 있는 가정 대부분이 이런 기계 문화와는 거리가 있었다. 그래도 아이들은 신 나게, 아주 잘 놀았다. 바로 책을 통해 찾은 그들만의 놀이감이 풍부하기 때문이다. 신순화 씨는 항상 아이들과 책으로 논다. 가령 채플린이 나오는 영화를 보고 도서관에 가서 채플린과 관련된 책을 빌려다 읽는다. 또 〈빌리 엘리어트〉란 영화를 보고 발레 공연을 관람하기도 한다. 그의 집에는 책을 바탕으로 만들어진 영화 디브이디도 꽤 많다. 책에서 끊임없이 놀 거리를 찾는 것이다.

특히 첫째 필규네 방은 레고 블록으로 가득 차 있다. 아주 멋들어진 얼음 기지인데 모두 필규가 만든 작품이다. 아이는 《스타워즈》와 《인디아나 존스》, 《해리포터》 등의 책을 읽고 그 내용을 재구성해서 자신만의 기지를 구축했다. 자세히 들여다보니 기지마다 역할도 뚜렷하고, 전체적인 구성도 꽤 짜임새 있다. 필규가 책을 읽을 때마다 기지도 하나씩 늘어났다. 책에 나온 내용을 그대로 따라하는 게 아니라 나름대로 스토리를 만들어서 이뤄낸 성과다. 공상 과학 소설에 빠진 게 블록 놀이로 자연스레 이어진 것이다.

신 씨뿐만 아니라 그의 언니네 집도 책이 놀이감을 만들어줬다. 언니네 아이들은 책을 읽고 나서 자신만의 책을 만든다. 책 속의 내용을 엮어서 자신의 이야기로 풀어쓴 것이다. 아이들은 글을 쓰면서 그림도 그리고 사진도 찍어서 붙이며 책을 만드는 일을 무척 좋아했다. 아이들의 책이 입소문을 타며 이모들은 어느새 열혈 독자가 됐다. 조카를 만나면 언제 또 새 책이 나오느냐며 앞다퉈 물어본다. 단순히 책을 읽는 데 그치지 않고, 자신의 취미와 연결해서 즐기다 보니 책이 또 다른 책을 낳은 것이다.

정혜원 씨 가족은 책과 관련한 체험을 하러 다닌다. 딸 다윤이가 박물관에 다녀온 뒤 저녁을 하는 엄마에게 대뜸 "엄마, 옛날 사람들은 어떻게 해서 밥을 먹었어?"라고 물었다. 엄마는 아이가 '옛날'에 관심이 있다는 걸 느끼고 《삼국사기》와 《삼국유사》를 사줬다. 다윤이는 그 뒤 역사책을 좋아하게 됐다. 그리고 온 가족이 역사에 관심이 있어서 박물관에 자주 간다. 아이는 책에서 보던 내용을 실제 가서 보고 확인하면서 마냥 신기해했다.

이 가족의 특징은 똑같은 박물관을 여러 번 가는 것이다. 박물관에 가서도 아이가 보고 싶은 것만 보게 하고, 다 못 봐도 '다음에 또 오면 되지.' 하고 그냥 되돌아왔다. 그야말로 학습이 아닌 놀이다. 뭔가 하나라도 더 보고 더 알아야 한다기보다 그냥 책에서 봤던 내용을 직접 체험하며 확인하고 흥미를 느끼는 것이다. 또 다 못 본 내용이나 궁금한 것은 집에 와서 책으로 찾아보기도 한다.

뭐든 억지로 하는 건 탈이 나는 법이다. 또 마음먹기 나름이다. 책을 가지고 머리를 꽁꽁 싸매고 지식을 탐구하는 사람도 있지만, 재미를 추구하며 책으로 노는 사람도 있다. 무조건 머릿속에 남겨야 한다는 강박을 버리고 책을 느끼고 책으로 놀 궁리를 해보자. 간접체험을 넘어 직접체험으로 이어지는 독서는 내 삶을 더욱 즐겁고 풍부하게 해줄 것이다.

8. 상처를 치유할 힘과 지혜가 솟아난다

요즘 '힐링'이라는 말이 유행이다. 과거에는 종교적인 의미의 명상이나 치유라는 뜻으로 한정적으로 쓰였었다. 하지만 요즘에는 출판, 방송 분야에서 이 단어를 내걸면서 매우 일반적인 의미로 쓰이고 있다. 어렵게 생각할 것 없다. 내 삶을 깊게 들여다보고 치유한다는 의미다. 치유한다는 데는 전제가 있다. 치유할 것이 있다는 것이다. 치유할 게 있다는 것은 갈등과 고민, 시련을 겪은 적이 있다는 의미다.

책만큼 치유에 효과적인 매체도 없다. 흔히 머리가 복잡하면 몸을 움직이는 활동을 하라고 하지만, 이는 근본적인 해결책이 되지 못한다. 괴롭더라도 치유가 필요한 곳에 마음을 두고 나를 힘들게 하는 것과 마주해야 한다. 책은 그것을 읽은 사람한테 생각하도록 유도하기 때문에 태생적으로 누군가의 고민과 갈등을 꺼내놓게 하는 매체일 수밖에 없다.

가정 독서 문화가 있는 가정에서는 책으로 마음의 갈등과 고민을 치유한 사례가 있다. 책으로 치유한 덕분에 비슷한 방식의 또 다른 갈등은 반복되지 않는다. 부모는 책으로 치유한 경험을 놓고 내 아이한테는 이런 일을 반복하지 말아야겠다는 깨달음을 얻는다.

조범희 씨가 어린 시절부터 책을 좋아했던 것은 아니다. 조 씨한테 책 읽기의 즐거움과 의미를 알려준 건 다름 아닌 아내다. 아내 윤여화 씨가 추천한 책을 읽으면서 스스로 내면이 성장하고 있다는 것을 느꼈다고 했다. 어린 시절 권위주의적인 아버지 탓에 자신감도 부족하고, 아픔도 있는 채로 성장했다. 그런 조 씨가 자신의 내면을 들여다보게 된 건 아내가 추천해준 책들 덕분이다. 윤여화 씨는 남편이 성장기에 풀지 못했던 고민이 있다는 걸 알아채고 '내적 불행'과 관련한 책을 추천해주곤 했다. 아빠의 상처가 책으로 치유되면서 딸들한테도 긍정적인 영향을 주고 있다. 지금 조 씨가 쌍둥이 딸을 양쪽 무릎에 앉혀 두고 그림책을 읽어주게 된 것도 이런 깨달음 덕분이다.

정혜원 씨는 어린 시절 공부 잘하는 언니와 늘 비교를 당하던 못난이 동생이었다. 그런 그가 결혼하고 딸을 낳았다. 부모가 되자 어린 시절 치유하지 못했던 상처가 드러났다. 내 딸만은 똑똑한 아이로 키우고 싶다는 욕심에 엄청나게 많은 책을 사들이기 시작했다. 그러던 어느 날, 엄마에게 받은 상처와 스트레스를 마주하게 됐다. 그때부터 육아책을 봤다. 육아책은 "아이의 문제는 사실 아이의 문제가 아니라 엄마의 문제"라고 말하고 있었다. 정 씨의 관심은 육아책에서 심리학책으로 향했다. 심리학 관련 서적을 열심히 읽으면서 정 씨는 사춘기 때 해보지 못했던 질문을 해보고 있다. '나는 누구인가?'라는 질문이다. "내 딸만은 그렇게 자라면 안 된다."라고 했던 것은 어린 시절 자신이 풀지 못했던 상처 때문이었다.

우리는 흔히 다 자란 상태로 결혼하고 부모가 된다고 생각하지만, 부모가 되어도 충분히 자라지 않았다고 느끼는 순간을 맞이

한다. 독서 문화가 있는 가정을 보면 가족 구성원 개개인이 모두 단단한 인격체로 보인다. 아마도 부모가 치유 독서의 경험을 토대로 나 자신을 잘 들여다보는 혜안을 갖게 됐기 때문일 것이다. 그리고 그것을 바탕으로 자녀한테 자신이 겪은 갈등이나 상처를 반복해서는 안 되겠다는 깨달음을 얻었기 때문일 것이다.

9. 자신과 대화할 시간과 공간이 생긴다

삼십 대. 다섯 살 아이를 둔 엄마의 소원은 뭘까? 남편이 일찍 들어오는 것? 더 큰 집으로 이사하는 것? 사람마다 다르겠지만 많은 엄마는 어떻게 보면 아주 사소하고 일상적인 소원을 품고 있다. 오롯이 나 혼자만의 시간을 가져보는 것이다. 삼십 대 한 워킹맘은 "회사에서는 회사 일로 정신이 없고, 집에 가면 아이 보느라 내 시간이 없어서 은행에 들러서 잡지 보는 시간이 그렇게 달콤할 수가 없다."라며 씁쓸한 미소를 내보였다.

　실제로 자녀를 키우는 젊은 부부는 참 바쁘다. 사회에 진입한 지 오 년 차 이상이 되면서부터 직장에서는 허리 역할을 해내야 한다. 신입한테 역할 모델이 돼야 하고, 상사와 회사에는 비전을 보여줘야 한다. 이들은 고민이 많다. 몸도 바쁘고 머리도 바쁘다. 집에 돌아가도 마찬가지다. 주중에 부모님 댁에 맡겨뒀던 아이를 집으로 데리고 와서 일 때문에 주지 못한 사랑을 줘야 한다. 아이는 이제 다섯 살. 이 물건, 저 물건 만지고 싶어 안달이 났다. 방 여기 저기를 돌아다니느라 바쁜 아이를 쫓아다니면서 주말이 간다.

많은 젊은 부부가 이런 식의 일상을 보내면서 나이를 먹는다. 그리고 뒤늦게 가족이라는 집단 때문에 사라진 내 삶을 찾고 싶어 안달하지만 때는 이미 늦었다. 노년이 되어 "나는 왜 그때 내 욕구를 들여다보지 못했지?"라고 말한다. "나는 누구고, 대체 어디 있는가?"라고 자문한다.

지금 바쁜 사람들한테 가정 독서 문화를 만들자고 제안하면 "그러잖아도 바쁜데 여기서 무슨 문화를 또 만들자고?"라는 소리도 나올 수 있다. 하지만 이 시간을 잘만 활용하면 역설적으로 내 시간과 공간을 마련할 수도 있다. 가정 독서 문화가 싹트면 가정 안에서 상대의 독서 시간을 존중하고 허용하는 분위기가 자연스럽게 형성되기 때문이다.

최영민 씨는 토요일 아침 읽고 싶은 책을 들고 집에서 나간다. 그리고 카페에 간다. 조용한 서재, 전망 좋은 거실을 두고 집 밖에 나가는 이유는 오롯이 책에 집중하는 자기 시간을 즐기기 위해서다. 본인이 이런 시간의 달콤함을 알기 때문에 부인 이주영 씨한테도 항상 책을 들고 자신이 책을 읽고 싶은 공간으로 나가라고 권한다. 사실 집에서 책을 읽으면 하지 못한 집안일이 보이고, 곧 귀가할 남편과 하교할 아이 챙길 일이 보인다. 다른 일이 눈에 밟히는 탓에 집중하기 힘들다는 이야기다.

아마 가정 안에 독서 문화가 없었다면 남편은 책을 들고 나가서 보겠다는 아내한테 "돈 아깝게 무슨 소리야."라고 말했을지도 모를 일이다. 하지만 남편은 자신만의 공간에서 자신만의 시간 동안 책 맛에 푹 빠져보는 재미를 알고 있었다. 그 덕분에 아내에게도 혼자 책을 읽고 생각할 자유 시간을 줄 수 있었을 것이다.

책 읽는 문화가 없는 가정에서 책을 좋아하는 한 구성원은 '외톨이'가 되기 쉽다.

"너희 엄마는 교양이 넘치셔서 혼자 책 보신단다."

"너희 아빠는 나보다 책하고 얘기하는 게 더 좋으시단다."

때론 이런 식의 비꼬는 대화도 오간다. 하지만 책을 읽는 문화가 형성된 가정에서는 다른 사람의 내밀한 책 읽기 시간을 허용하는 넉넉함도 발휘되기 쉽다. 커피 한 잔 놓고 내가 읽고 싶은 책을 마음껏 천천히 탐독하는 시간을 갖길 원한다면, 일단 가족들한테 그 시간이 얼마나 달콤한지 그 맛을 알려주면 될 일이다.

10. 새로운 가족을 연결해준다

저출산이 문제라고 한다. 얼마 전에는 대학 입학 전형 가운데 '다둥이 전형'이라는 흥미로운 전형까지 생겼다. 자녀가 많은 가정의 자녀한테 대학 입학 때 우선 혜택을 준다는 것이다. 실제로 학교 교실에 가서 "형제나 자매가 있는 사람 손들어 볼래?"라고 물어보면 손을 드는 아이는 많지 않다. 몇 년 전만 해도 '외동'이 흔치 않았는데 이젠 '형제 있는 아이들'이 흔치 않은 현상이 일어난다. 저출산은 인구 위기로 이어지는 국가적인 문제다. 개인으로 볼 때는 자녀 양육에 대한 부모의 부담을 가중하는 현상이기도 하다.

우리는 "하나만 낳았으니 제대로 잘 키워보자."라고 말한다. 그래서 그 한 아이한테 온갖 투자와 지원을 한다. 형제·자매가 많던 시절에는 언니나 누나, 오빠, 형을 보고 자연스럽게 배웠던 일들을 부모한테 직접 배워나가야 한다. 형제·자매가 많던 시절에는 "형이 알아서 동생 키울 거야. 동생이 형 보고 알아서 배우더라."라는 소리를 했다. 하지만 요즘 아이들한테는 보고 배울 사람, 함께 놀 사람이 없다. 그만큼 다른 사람과 소통하는 법, 다른 친구를 사귀는 법, 다른 사람과 이견을 조율하는 법, 다른 사람한테 양보하는 법을 배우기 어려운 환경에 처해 있다.

책 읽는 문화가 있는 가정의 아이들은 돈독한 우애를 나눌 친구를 사귀는 게 쉽다. 책을 많이 읽는 가정은 기본적으로 도서관을 많이 이용한다. 거창하게 큰 도서관을 가는 것은 아니다. 주말을 이용해 지역 사회에 있는 크고 작은 도서관에 가서 책도 빌리고, 문화 프로그램도 듣는다. 그러면서 부모는 자연스럽게 자녀 또래의 친구가 있는 가정과 친분을 쌓는다. 부모들이 친구가 되면 아이들은 자연스럽게 친구가 된다.

이동미 씨와 송순덕 씨는 교육청 문화 프로그램을 듣다가 친해졌다. 엄마들이 친해지면서 아이들도 자연스럽게 인사를 나누게 되고, 이제는 친형제, 친자매만큼이나 애틋한 사이가 됐다. 그 과정에서 이동미 씨네 딸 임소라 양은 송순덕 씨네 딸 김효주 양의 독서 역할 모델이 됐다. 김 양이 책 맛을 알게 된 건 임 양 덕분이었다.

"언니가 책을 볼 때 미소를 지으면서 재미있게 읽는 모습이 참 좋아 보였어요."

책으로 더 사이가 두터워진 이들은 일상의 여러 일을 함께한다. 함께 학원에 다니기도 했고 여행도 다녔다. 덕분에 김 양한테는 대안 이모, 대안 형제·자매가 생겼다. 김 양은 외동딸이지만 외롭지 않은 어린 시절을 보냈다. 어린 시절은 언니, 오빠와 나눈 시끌벅적한 추억으로 채워져 있다.

네 가정이 한 집에 모여 살면서 서가를 함께 쓰는 성미산 가족들은 책 때문에 만들어진 인연은 아니다. 부모들은 같은 어린이집에서 공동육아를 하면서 친분을 쌓았다. 아이들이 크면서 한 건물을 지어서 살게 됐고, 자연스럽게 공동서가를 쓰게 됐다. 이들의 인연은 책이 만들어준 게 아니었지만, 책을 함께 나눠 읽는 이 공간을 통해 더욱 두터워지고 있다.

가족들은 어른, 아이 할 것 없이 서가가 있는 공간에 모여서 이런저런 수다를 떤다. 어른들은 술을 마시면서 일상의 이야기를 공유한다. 아이들은 아이들대로 이 공간을 통해 자신들만의 정보를 나눈다. 아직은 요즘 유행하는 만화 캐릭터가 뭔지를 공유하는 수준에 머물고 있지만, 아마도 아이들이 더 성장하면 부모들처럼 일상의 고민을 나누게 될지도 모른다.

모든 것이 쉽고 편해졌지만, 사람과 제대로 소통하고, 제대로 된 인연을 만들어가는 것은 어려운 시대가 됐다. 부모들은 "내 아이가 혼자 이 흉흉한 세상을 어떻게 살아갈까?" 걱정한다. 책을 매개로 하면 만남도 어렵지 않다. 이미 형성돼 있는 독서 문화에 활기도 생길 수 있다. 가정 독서 문화를 통해 다른 가정과 함께 읽는 즐거움을 맛본 가족들이 그 증거가 아닐까 싶다.

세계의 독서 문화 탐방기

조선 시대 명사에게는 가정 독서가 있었다

많은 부모가 '책을 읽으라'는 소리를 한다. 하지만 함께 책을 읽어주지는 않는다. 본인이 책을 읽는 모습도 보여주지 않는다. 책을 놓고 대화를 나누는 일도 많지 않다. 요즘 우리나라 부모가 아이에게 독서를 권유하는 것에는 대부분 불순한 의도가 깔려 있다. 책을 많이 사주고 '읽으라'는 소리만 하면 성적이 오를 것이라고 기대한다. 얼마 전까지만 해도 독서는 성적이나 입시에 물들지 않은 청정 구역이었지만 이제는 독서도 '점수'가 된다. 책을 몇 권 봤는지, 얼마나 제대로 독해했는지로 성적을 내는 세상이다. 이런 환경에서 아이들은 독서 역시 수학이나 영어처럼 또 하나의 교과목으로 여긴다.

그것 자체가 목적이 되고, 의미가 있는 활동만큼 즐거운 게 없다. 역사적으로 보면 우리나라에서 성공한 인물 가운데에는 생활에 밴 자연스러운 독서 활동으로 유명한 일화를 낳은 이들이 많다. 이들의 사연을 들여다보면 부모님을 통해 책 읽는 즐거움을 유산처럼 물려받았다는 공통점이 있다. 또 느림의 독서를 실천한 흔적도 보인다.

《홍길동전》으로 유명한 조선 중기의 문신 허균이 글을 잘 쓸 수 있었던 것은 독서의 힘 덕분이다. 어릴 때부터 닥치는 대로 책을 읽은 허균에게는 독서 습관을 형성할 만한 여건이 조성되어 있었다고 한다. 무엇보다도 그는 동지중추부사同知中樞府事를 지낸 아버지와 예조판서를 역임한 외할아버지로부터 많은 책을 물려받았다. 책은 외할아버지와 아버지가 물려준 일종의 유산이었던 셈이다. 또 기질적으로 책 욕심이 많아 명나라에서 많은 책을 구해오기도 했다. 그런 이유로 그는 약 사천 권에 이르는 책을 소유했었다고 전해진다.

조선말 유학자 이경근이 후손에게 남긴 《고암가훈顧菴家訓》을 보면 가정의 독서 문화가 어떻게 이뤄져야 하는지를 말해주는 유의미한 일화가 나온다. 그는 "아이한테 공부를 말하기 전에 아버지나

형이 먼저 책을 보고 공부해야 한다."라고 권유한다. 정작 본인은 글 한 줄 읽지 않으면서 아이한테만 책을 읽으라고 강요하는 우리네 부모가 들어봐야 할 이야기다.

　　조선 중기 시인 김득신의 책에 얽힌 사연을 통해서는 책 읽기에서 빠른 성과를 기대해서는 안 된다는 교훈을 얻을 수 있다. 김득신은 옛 글 서른여섯 편을 읽은 횟수를 〈고문삼육수독수기古文三六首讀數記〉에 기록했다. 읽은 횟수가 1만 번에 미치지 못하면 아예 기록하지 않았다고 한다. 《사기史記》의 〈백이전伯夷傳〉을 무려 1억 1만 3,000번 읽었다. 한유의 〈사설師說〉은 1만 3,000번, 〈악어문鰐魚文〉은 1만 4,000번, 〈노자전老子傳〉은 2만 번, 〈능허대기凌虛臺記〉는 2만 500번이나 읽었다. 흥미롭게도 김득신은 어린 시절에 '가문의 둔재'로 불릴 정도로 글을 터득하는 데 느린 아이였다. 돌아서면 읽은 것을 까먹는 수준의 아이를 변화시킨 건 아버지였다. 그의 아버지는 "공부는 꾸준히 하는 것이다. 과거가 목적이 아니다."라며 아들을 꾸준히 지켜보고 기다려줬다. 그런 믿음 아래서 김득신은 편안하게 독서를 계속했고, 쉰아홉 살에 문과에 급제했다. 많은 양의 책을 쌓아 놓고 속독을 요구하는 부모한테 들려주면 좋을 일화다.

　　이런 역사 속 이야기를 만나 보면 우리나라 가정 문화 속에서 독서는 매우 중요한 가치로 여겨져 왔다는 사실을 알 수 있다. 우리나라에 애초부터 가정 독서 문화 자체가 없었던 게 아니라 어느 순간부터 그 가치가 잊혀 왔다는 의미로도 이해할 수 있다.

어느새 문자보다는 영상이 익숙하고, 손 편지보다는 이메일이 익숙한 시대로 접어들었다. 속도가 최고의 가치인 세상에서 천천히 오래 곱씹어 책 읽는 맛을 알고, 이를 기다려주는 부모도 점점 사라진다. 아이들은 많은 걸 한꺼번에 섭취해서 바로 성과를 내야 한다. 지식을 단번에 섭취하려는 이들은 많지만 교양이나 철학을 제대로 음미하고 이해하려는 이들은 소수다.

우리나라만의 이야기는 아니다. 전 세계가 독서 그 자체를 즐기는 인구가 줄고 있다는 데서 위기의식을 느낀다. 그런 이유로 해외에서는 정부, 지자체, 독서재단 차원에서 가정의 독서 문화에 힘을 실어주는 프로그램을 고민한다. 이러한 사례의 공통점은 중심에 아이들이 있다는 점이다. 아이가 중심축으로 서 있고, 아이를 중심으로 부모가 다양한 독서 관련 활동을 한다. 아이들이 자라 미래의 가정 독서 문화를 만들어나갈 거라는 기대가 있기 때문이다. 해외에는 어떤 가정 독서 문화가 있는지 구체적으로 살펴보자.

할머니 무릎을 베개 삼던 시절이 떠오르는,
영국의 '잠들기 전 책 읽어주기'

지금 부모 세대 가운데에는 할머니 무릎을 베개 삼아 구수한 옛이야기를 들어본 기억을 품은 사람이 많을 것이다. 이런 문화는 조부모와 손자, 손녀를 이어주는 매개 구실을 톡톡히 해왔다. 할머니가 말로 전해준 옛이야기는 입말로 이뤄진 책이나 다름이 없다. 요즘 아이들은 이런 이야기를 옛이야기 그림책이나 동화로 만난다. 이야기를 글로 만나는 것과 소리로 만나는 것에는 분명히 차이가 있다. 이야기를 소리로 만날 때는 이야기를 전하는 사람과 듣는 사람 사이에 긴밀한 유대관계가 형성된다.

독서 강국이라고 불릴 정도로 독서 문화가 탄탄히 자리를 잡은 영국에서는 이런 식의 책 읽어주기 문화가 지금도 전통으로 내려온다. 이런 문화를 '베드타임 스토리bedtime story' 또는 '베드타임 리딩bedtime reading'이라고 부른다. 영국 아이들의 약 구십 퍼센트는 매일 밤 부모의 이야기를 들으며 잠든다. 매년 삼월 한 주일을 아예 '잠들기 전 책 읽어주기 주간'으로까지 정해놓고 실천하는 가정도 있다.

'잠들기 전 책 읽어주기' 문화는 전통적인 '이야기 말하기'의 한 형태로 아이들을 편안한 상태에서 재우자는 목적이 있다. 부모가 귀찮은 일로 여기기 쉬운데, 이야기 말하기는 부모와 아이 모두에게 좋은 영향을 미친다.

전문가들은 가정 안에서 규칙적으로 이런 시간을 마련해두고 꾸준히 실천하면 의도하지 않은 효과를 맛볼 수 있다고 말한다. 먼저 무엇보다도 긴장을 풀고 숙면을 취할 수 있게 된다. 부모의 달래주는 듯한 목소리는 아이가 편안한 상태에서 잠드는 데 큰 도움을 준다고 한다. 숙면의 효과만 있는 건 아니다. 가장 큰 소득은 부모와 아이 사이에 끈끈한 유대감이 형성된다는 점이다.

보통 부모는 아이에게 어떤 책을 읽어줘야 할지 고민한다. 거창하게 생각할 것 없다. 영국 가정에서는 그림책 등 짧은 이야기로 이뤄진 책을 읽어주는 일이 많다. 때론 부모가 지어낸 허구의 이야기를 들려줄 수도 있다. 잠들기 전 책 읽어주기는 짧게는 일 분 만에 끝날 수도 있다. 이 프로그램에서 중요한 것은 들이는 시간이 아니라 지속성이다. 전문가들은 지속해서 이 활동을 하다 보면 아이들은 잠들기 전에 부모와 함께하는 이 시간을 기다리게 되고, 이것이 자연스럽게 가정의 독서 문화로 자리를 잡게 된다고 설명한다.

영국에서는 대문호 셰익스피어의 탄생일이자 '책과 저작권의 날'인 4월 23일을 기념해 어린이 독서 캠페인 '북토큰Book Token' 행사도 한다. 영국과 아일랜드의 모든 어린이한테 1파운드짜리 북토큰을 나눠주고, 일정액을 할인한 가격으로 책을 구입하게 하는 제도다. 아이들 스스로 돈을 내서 책을 선택하고 사는 경험을 해보게 돕는 흥미로운 프로그램이다.

보건소에서 책을 권한다?
: 영국의 '북스타트'

생후 팔 개월을 전후한 시기 아이들과 보호자에게 책과 독서에 관련한 꾸러미를 줬더니 저절로 도서관을 찾는 아이들로 자랐다는 흥미로운 이야기가 있다. 동화 속 사연 같지만 실제로 있었던 일이다. 이 이야기는 1992년 영국에서 처음 시작돼 세계 각국으로 퍼진 '북스타트Book Start 운동'의 성과를 보여준다. 이 운동은 영국의 가정 독서 문화를 꽃피우게 한 중요한 동력이다.

북트러스트Book Trust 협회를 중심으로 시작한 이 프로그램은 독서 선진국으로 불리는 영국이 텔레비전, 컴퓨터 등의 보급으로 독서율이 떨어지자 위기감을 느끼고 시작한 운동이다. 보건당국, 행정기관, 도서관이 유기적으로 손을 잡고 활발하게 진행해서 영국의 독서율을 올리는 데 큰 역할을 했다.

북스타트는 생후 팔 개월을 전후한 시기에 건강검진을 위해 보건소를 찾는 아기와 보호자(양육자)에게 그림책 두 권과 보호자용 가이드북, 육아에 도움이 되는 지역 정보와 도서관 회원 카드 등이 담긴 가방을 건네주는 운동이다. 이 운동은 처음 실시한 지 약 십 년 뒤 연구를 통해 효과도 입증했다. 무엇보다도 북스타트에 참여한 아이들은 부모와 함께 도서관에 가서 책을 읽거나 다양한 독서 프로그램에 참여하는 것을 매우 즐거운 활동으로 여긴다. 한 논문에 따르면 북스타트 팩을 받은 부모 가운데 약 72퍼센트가 자녀를 위해 더 많은 책을 구입하려고 노력한다고 한다.

가장 중요한 것은 이 운동이 부모와 자녀 사이에 대화 창구를 만드는 데 도움을 줬다는 점이다. 북스타트 팩을 받은 가정 가운데 약 28퍼센트가 아이와 책에 대한 의견을 나누는 데 더 많은 시간을 보낸다는 분석도 있다. 이 운동의 성과는 지역 도서관과 책에 관한 정보 꾸러미 하나가 가정을 크게 변화시킬 수 있다는 놀라운 사실을 증명해준다.

우리나라에서는 비영리 민간단체 '책 읽는 사회 만들기 국민운동'과 '책 읽는 사회 문화재단' 주최로 지난 2003년 '북스타트 코리아'가 탄생했다. 그 뒤 약 십 년이 지난 지금, 북스타트 운동은 전국 각 지자체에서 활발하게 이뤄져 현재 전국의 231개의 도서관에서 시행한다.

미국에도 북스타트 운동처럼 지역 단체가 앞장서서 책 읽어주기의 중요성을 알리는 사례가 있다. 소아과 의사가 주축이 돼 그림책 읽어주기의 중요성을 부모에게 직접 설명하는 ROK^{Reach out Knee}를 1984년부터 시행하고 있다.

독서는 특별한 게 아니다
: 독일 '큰 소리로 읽기'

책은 꼭 조용히 앉아서 읽어야 맛일까? 독일에서는 부모가 어린 자녀에게 큰 소리로 책을 읽어주자는 내용으로 이뤄진 흥미로운 독서 캠페인이 진행 중이다.

독일독서재단에서는 어린이가 자연스럽게 책과 함께 성장할 수 있도록 '레제스타트Lesestart' 캠페인을 진행한다. 레제스타트란 독일어 '읽다lesen'와 영어의 '시작하다start'를 합친 말로 영국의 북스타트 운동을 모델로 삼아 2006년에 처음 시작됐다. 부모가 아이들한테 큰 소리로 책을 읽어주는 문화를 알리면서 책 읽기를 일상에 숨은 자연스러운 활동으로 인식하게 하는 운동이다. 독서재단은 사람이 어린 나이에 책을 접할수록 글을 읽고 쓸 줄 아는 능력이 그렇지 않은 이에 비해 훨씬 더 많이 발전한다는 데서 이런 운동을 시작했다.

흥미롭게도 이 캠페인은 독일로 이민을 온 이주자를 위해 다양한 언어로 진행한다. 다양한 언어로 알려지므로 이주자도 별다른 어려움 없이 그들의 모국어로 캠페인에 참여할 수 있다.

이 밖에도 독일 가정에서는 '여덟 개의 귀로 이야기 듣기'라는 이름의 가정 내 책 읽기 문화도 있다. 사 인 가족을 기준으로 네 사람이 모여 책 이야기를 들을 경우, 책을 읽는 사람까지 총 여덟 개의 귀가 이야기를 듣게 된다는 의미로 지은 이름이다.

가정 독서용 책이 따로 있다
: 일본의 '우치도쿠'

자녀가 있는 가정에서 형성된 가정 독서 문화가 단절되기 쉬운 시기는 자녀가 사춘기에 접어들 때다. 조금 자라서 자아가 형성될 무렵의 아이들은 부모와 대화하기를 꺼린다. 독서는 차치하고, 대화 자체가 어려워지는 순간이다.

일본의 한 출판 도매상이 제안해서 시작한 '우치도쿠家讀' 운동은 초등학교 이상 나이대의 자녀와 부모가 함께 참여할 수 있는 가정 독서 프로그램으로 자녀와 부모의 소통을 돕는 구실을 톡톡히 한다. 출판 도매상 '토한'이 제안한 이 프로그램은 가족이 독서 습관을 공유하며 대화를 나누는 방식으로 이뤄진다. 2006년부터 시작된 이 가족 독서 운동은 현재 상당수 일본 지자체에서 채택해 각 가정에 권장하고 있다.

이 프로그램에는 구체적인 시행 약속이 있다. 첫째, 가족 모두가 같은 책 읽기, 둘째, 그 책을 주제로 이야기하기, 셋째, 감상 노트 기록하기, 넷째, 자기 속도로 읽기, 다섯째, 가정 문고 만들기 등이다. 약속을 보면 알 수 있듯이 이 운동에서도 책은 목적이 아닌 도구다. 모든 가족 구성원이 같은 책을 읽고 이야기하는 시간을 가짐으로써 가족 간 대화를 늘리고 소통의 깊이를 더할 수 있다는 것이다.

흥미롭게도 토한은 가정 독서를 제안하는 데 머물지 않고, 현재까지도 이 프로그램의 든든한 후원자 구실을 하고 있다. 우치도쿠에 적합한 도서 목록 등을 발행하면서 이 문화가 일본 가정의 전통적인 독서 문화로 자리를 잡도록 힘을 실어준다. 부모와 아이만이 아니라 부부 사이, 형제·자매 사이 등 세분화된 가족 단위에서 함께 읽을 수 있도록 다양한 가족 형태를 고려해 목록을 만든다. 지역 FM 라디오 방송에서는 우치도쿠용 책을 낭독하며 소개하기도 한다.

식사 뒤 책 이야기를 나누는 일상
: 캐나다와 핀란드

아이들을 성적으로 경쟁시키지 않고, 자율성을 중시하는 걸로 알려진 핀란드는 공공 도서관을 잘 구축해놓고 있다. "아이들이 걸어서 갈 수 있는 곳에 공공 도서관을 하나씩 설치하자."라는 것이 핀란드 정부의 목표였다. 현재 핀란드의 지역 공공 도서관 수는 삼백

십구 개이고, 분원 도서관은 약 오백여 개가 된다. 가까운 곳에 도서관이 없는 지역에서는 책을 실은 버스가 사람들을 찾아다니는 '북모빌Bookmobile'도 운영한다. 이렇게 공공 도서관 시스템이 잘 구축돼 있는 덕에 가정에도 일상적으로 책을 읽는 문화가 발전했다. 이 나라에서는 도서관에서 책을 빌려와 저녁 식사 뒤 부모와 자녀가 함께 책 읽는 시간을 가지거나 아이들이 잠자기 전 부모가 책을 읽어주는 것이 하루의 중요한 일과로 자리를 잡았다.

캐나다 공공 도서관에서는 도서관 프로그램의 일부로 연령대가 비슷한 또래 아이들을 모아 책을 읽어주는 '이야기 시간'과 혼자 책을 읽을 수 없는 아이들에게 전화를 걸어 책을 읽어주는 '이야기 전화' 등도 운영한다.

이덕무식 느릿느릿 독서법은 어떨까?

최근 들어 우리나라에서도 조선 시대로 거슬러 올라간 것처럼 의미 있는 가정 독서 문화가 하나둘씩 알려졌다. 결코 흔한 사례는 아니다. 성과와 성적, 진학 지상주의 속에서 느릿느릿 책을 읽고 책 맛을 곱씹게 하는 부모는 '참 한가롭다'는 소리를 듣기 일쑤다. 이런 부모는 아이들이 대학에 진학할 때쯤 '내가 아이를 잘못 교육했구나.'라고 생각하게 될까봐 두렵다고도 말한다. 대학 입시에서는 독해 지문을 얼마나 빨리, 정답에 맞게 제대로 이해했는지를 평가하기 때문이다.

문득 자신을 스스로 '간서치看書癡(책만 보는 바보)로 불렀던 조선 후기 실학자 이덕무의 이야기가 떠오른다. 그는 책을 곱씹어서 읽는 걸로 유명했다. 그래야 완전하게 이해할 수 있기 때문이다. 여러 차례 읽어도 뜻을 알 수 없으면 책장을 덮고 잠시 쉬거나 산책을 한 뒤 다시 읽었다. 집중하고 환기하는 과정의 반복을 통해 책을 제대로 읽어보려고 애쓴 것이다. 또 아이한테 글공부가 부담이 되어선 안 된다고 강조했다. "어린이에게 절대로 많은 것을 가르치려고 해서는 안 된다. 그보다는 하나라도 정확하게 가르쳐야 한다. 타고난 능력을 헤아려 이백 자를 배울 만한 아이에게는 백 자만 가르쳐 더 할 수 있는 여지를 남겨둬야 한다. 그러면 책 읽기에 싫증을 느끼지 않을 것이고, 스스로 깨달아 좋은 결과를 얻을 수 있다."

조상의 가정 독서 문화를 면밀히 들여다보면 그 어디서도 시도하지 않았던 흥미로운 독서 프로그램 소스도 찾아낼 수 있을 것 같다. 엉뚱한 생각 하나를 해본다. '이덕무식 느릿느릿 책 읽기' 독서 프로그램이나 독서 정책이 하나쯤 나오면 어떨까? 책 읽기 자체가 정말 즐거운지 생각할 겨를도 없이 책장을 넘겨야 하는 시대에 대항하는 의미로도 괜찮은 시도가 되지 않을까?

3

우리시대 북멘토,
독서를 논하다

시골에서 자란 김용택 시인은 스물한 살에야 처음
으로 책을 접했다. 교사 안광복은 책과 먼 가정환경
때문에 오히려 '독서 중독'일 정도로 책을 읽었다. 김
상곤 교육감은 독서 활동을 통해 학생, 학부모, 지
역 사회가 소통하는 교육 공동체를 꿈꾼다. 북멘토
세 사람에게 독서 문화에 대한 조언을 듣는다.

"책 읽으라고?
그렇게 좋으면 엄마나 읽어!"

시인 **김용택**

시골에서 자랐던 청년은 고등학교 때까지 책이라는 것을 제대로 본 적이 없었다. 그러던 그가 처음 접한 책은 《도스토옙스키 전집》. 교사가 된 뒤 월부 책 장사를 통해 만나게 된 인생의 첫 책이었다. 이 책을 만났을 때 그의 나이는 스물한 살.

흔히 유명 문학가의 어린 시절 이야기를 들어보면 '책'이 놓여 있다. 하지만 이 사연의 주인공인 김용택 시인은 "늦게 봐도 상관없다. 나를 보면 알 수 있지 않냐."라고 말한다. 전북 임실 진메마을이 고향인 그는 "어린 시절, 너무 시골에서 태어나고 자란 탓에 교과서 외에는 읽을거리가 없었다."라고 유년 시절을 회상했다.

'가정 독서'에 대한 책을 쓴다고 하자 그는 대뜸 "엄마가 자기는 안 읽고 아이들한테 읽으라는 소리만 하는 게 문제"라고 꼬집었다. 뒤늦게 책 맛에 빠져들어, 지금은 우리나라를 대표하는 김 시인이 가정 내 독서 문화를 꿈꾸는 이들에게 해주고 싶은 말은 뭘까?

● 반갑습니다. 2008년도에 학교를 그만두셨잖아요. 요즘은 어떻게 지내고 계신가요?

날마다 강의를 다닙니다. 도서관에서도 하고, 일반 기업체 CEO를 대상으로도 강의합니다.

● 강의를 통해 주로 무슨 말씀을 해주시나요?

글쓰기 강의는 아닙니다. 시대가 변했기 때문에 거기에 맞게 대처해야 한다는 걸 얘기하고 다닙니다. 그동안 우리가 존중했던 가치, 그동안의 기업 경영 가치로는 오늘날 우리의 상황에 대처하지 못한다는 이야기를 하는 겁니다.

예를 들어, 1970~1980년대에는 새로운 것이 나오면 무조건 다 신기해했습니다. 산업화 사회니까요. 하지만 십 년이 지나면서 신기함이 사라졌습니다. 새로운 모색기가 온 거죠. 새롭다고 해서 무조건 사람들이 관심을 두진 않습니다. '공감의 시대'가 왔기 때문입니다. '어? 그래?' 하고 공감해야 하는 시대를 맞이한 겁니다. 그리고 우리가 맞이하는 21세기는 '감동의 시대'입니다. 감동하려면 모든 게 예술, 디자인이 돼야 합니다. 많은 분한테 그런 시대가 됐다는 걸 이야기해주고 다닙니다.

● 그렇다면 감동의 시대를 맞이하려면 어떻게 해야 하나요?

그동안은 한 가지만 잘하면 됐던 시대였어요. 세상이 변했기 때문에 그런 가치로는 안 됩니다. 이젠 밥그릇만 만들면 안 됩니다. 밥그릇 안에 인문학이 들어가야 합니다. 예술도 들어가야 하고요. 기술과 예술이 하나가 돼야 하죠. 인문학과 공학이 하나가 되던가요. 결국 '융합의 힘'이 필요한 시대입니다. 그게 가능해지려면 매체가 필요합니다. 저는 그 매체가 예술이라고 생각합니다. 예술적 감성이야말로 문학과 다른 걸 융합해주는 강력한 힘이죠. 그리고 그걸 실천하려면 독서를 해봐야 합니다. 글도 써봐야 합니다. 글을 쓰려면 우리 삶을 정말 자세히 들여다봐야 합니다. 그래야 삶을 예술적으로 표현할 수 있죠.

● 결국 공부가 중요한 시대라는 말씀인데요. 책은 공부를 도와주는 중요한 매체입니다. 다른 말로 하면 읽기만큼 공부와 직결된 활동이 또 없죠. 선생님께서는 어떤 방식의 읽기를 하고 계신가요?

맞아요. 공부가 필요하죠. 공부란 '세상에 관한 관심'입니다. 저는 평소에 신문을 참 자세히 봅니다. 지역 신문 하나, 중앙 일간지 두 개를 보는데요. 오피니언 면에 있는 칼럼부터 사설, 특집 기사, 인터뷰 기사 등을 꼼꼼히 읽습니다. 요새 같은 때는 정치인 인터뷰가 무척 중요하죠. 대선을 앞두고 있으니까요. 우리가 어떤 사람을 뽑아야 하는지를 판단해야 하잖습니까. 예를 들어, 새누리당이나 민주통합당 쪽 정치 브레인의 인터뷰를 자세히 봅니다. 지역 신문도 꼼꼼히 보기 때문에 제가 사는 전라북도에서 무슨 사업을 하는지, 무슨 사건이 있는지 다 알고 있습니다. 나머지 안 보는 신문의 경우도 인터넷을 통해 헤드라인 정도는 다 읽습니다.

● 자녀분들도 신문으로 공부를 많이 했겠네요.

읽으라고 강요는 안 했습니다. 신문을 읽다 보면 균형감 있는
칼럼이 있습니다. 아들과 딸한테 그런 칼럼을 뽑아서 보내곤 했
습니다. 그냥 보내는 게 아니라 짧은 시를 한 편 써서 같이 보냅
니다. 지금까지 딸한테 간 시가 팔백 편, 아들딸 모두한테 간 글
이 신문 칼럼, 시, 인터뷰 등을 합쳐서 구백 건 정도 될 겁니다.
아이들이 우리가 사는 세계를 이해해야 하는데 너무 공부만 합
니다. 강연을 통해 아이들을 만나보면 다른 나라 사람들 같아
요. 사회가 어디로 가고 있는지 모릅니다. 대체 뭔 공부를 하
는지 모르겠습니다.

공부하는 이유는 우리가 사는 세계를 자세히 들여다보는 눈을
갖기 위해서인데 우린 정답만 찾는 공부를 합니다. 이런 방식으
로는 책을 읽어봤자 의미가 없습니다. 시험 대비용이잖아요.

● 선생님 어린 시절의 독서 환경은 어땠나요?

고등학교 때까지 교과서 외에 책을 접할 수가 없었습니다. 시
골이라서 책 보기가 어려운 환경이었죠. 영어도 영화를 보면
서 배웠을 정도니까요. 책을 제대로 처음 본 게 스물한 살이었
어요. 거 봐요. 그래도 안 늦잖아요.(웃음) 선생 시작한 지 얼마
안 됐을 때였는데 학교로 월부 책 장사가 오는 거예요. 그때 책

을 처음 본 거니까 얼마나 신기했겠어요. 너무 신기한 거예요. 그 책으로 문학 공부를 시작했어요.

나중에는 헌책을 사러 다니면서 〈창작과 비평〉, 〈문학과 지성〉을 알게 되고, 역사와 철학을 공부하게 됐죠. 그러면서 사회 문제에 눈뜨게 되고, 읽기도 확장됐습니다. 문화사, 세계사, 건축사로 점점 확장됐죠. 제 독서의 시작은 《도스토옙스키 전집》이었어요. 이게 제 인생에서 처음 만난 책이죠. 등장인물도 많이 나오고, 이름도 너무 길고 복잡해서 옆에 주인공 이름을 적어두고 '여기 나오는 이놈이 이놈 맞나?' 확인해가면서 읽었던 기억이 있습니다.

저는 만화책도 많이 봐요. 고우영 만화는 지금도 즐겨 봅니다. 집에 에어컨이 없어서 대야에 물 받아서 얼음 동동 띄워놓고 《삼국지》를 봅니다.

● 자녀한테도 책을 많이 읽으라고 얘기하시는 편인가요?

딸은 고등학교를 안 다녔어요. 안 다니면서 책을 보기 시작했죠. 어릴 때는 책을 안 봤습니다. 아들도 마찬가지입니다. 책을 읽어야 한다고 말들을 하지만 저는 그런 소리를 한 번도 안 했습니다. 지금 안 읽어도 나중에 필요하면 읽을 것으로 생각했지요. 그냥 만화책 몇 권 사다 두면 애들이 자연스럽게 보더라고요. 자기들이 필요하면 읽는 거죠.

제가 끊임없이 좋은 인터뷰 기사와 시를 보내줬기 때문에 애들이 시를 이해할 줄 압니다. 시를 이해하는 건 우리가 사는 삶을 이해한다는 거죠. 시는 우리 사는 세상을 종합하는 강력한 힘이거든요. 좋은 칼럼은 집사람도 함께 읽습니다. 덕분에 끊임없이 대화거리가 생기죠. 가족끼리 공감대가 형성됩니다.

● 우리나라에는 책을 많이 읽어야 한다는 강박이 있는 것 같습니다. 특히 어머니들은 자녀한테 "책 좀 읽어!"라는 소리를 참 많이 하시죠.

우리나라 엄마, 아빠는 책에 환장했어요. 자기는 안 읽고, 애들만 읽으라고 강요하죠. 도대체 책을 왜 읽어야 하는지에 대해서 한 번도 고민을 안 해요. 책 읽으라고 강요하는 부모님이 계시면 자녀분들은 그렇게 말해보세요. '엄마, 그렇게 좋으면 엄마가 먼저 읽으세요.' 엄마들은 미용실에 가서 여성지 정도나 뒤적거리지 책 안 보잖아요. 아이한테만 강요할 일이 아니라고 생각해요.

환경만 조성한다고 해서 책을 열심히 읽을까요? 절대 안 읽어요. 중요한 건 엄마가 책을 보는 겁니다. 엄마가 보면 애들도 따라서 읽죠. 엄마는 책도 안 보고, 글도 안 씁니다. 일기조차도 안 쓰면서 애들한테는 일기 꼬박꼬박 쓰라고 강요하잖아요. 책을 읽는 것도 다 서울대 가려고 읽는 거죠. 우리나라 가정은 서울대를 가기 위해 만들어진 강력한 사회 조직 같아요. 조직이란 할 일만 하면 되는 거잖아요.

우린 책을 통해 모든 걸 다 알려고 합니다. 근데 모르는 게 있으면 그냥 넘어갈 수도 있어요. 요새 부모들은 모든 걸 다 알고 가야 한다고 생각하죠. 애들이 모른다고 하면 어떻게든 빨리 답을 알려주려고 안달이죠. 하지만 아이들이 문제를 너무 빨리 해결하는 게 좋은 건 아닙니다. 부모가 즉각 알려줄 필요가 없어요. 스스로 책을 읽으면서 찾아가는 거죠. 우리가 책을 반드시 다 이해해야 하나요. 대충 넘어가다 보면 개념을 확보하는 거지. 그러다 보면 몰랐던 걸 찾을 수도 있는 거죠. 그게 공부라고 생각합니다.

● 교직에 계셨을 때 아이들한테는 어떤 독서 교육을 하셨는지 궁금하네요.

제가 시인이기 때문에 학교로 책이 참 많이 옵니다. 그래서 책을 분류해서 교실에 꽂아두죠. 그림이 많이 있는 책부터 글씨가 많은 책 순으로 정리해두죠. 아이들한테는 그냥 '그림이 많은 것부터 읽어' 이렇게 말합니다. 그럼 알아서들 봅니다. 아이들은 같은 책을 반복해서 봐요. 너무 재밌으면 계속 반복해서 보죠. 어떤 이야기나 그림을 반복해서 보면서 그 속에서 새로움을 느끼는 겁니다. 참 중요한 말이죠. 같은 건데 그걸 보면서 볼 때마다 새로움을 느낀다니……. 그러다가 어느 날 애들이 뭘 보나 살펴보면 글씨가 많은 책을 보고 있습니다. 시월쯤 되면 창작동화를 보고 있구요. 저는 읽으라는 말은 안 합니다. 알아서들 하라고 하면 이놈들이 심심하니까 책꽂이에 관심을 두고 책을 보죠.

● 흔히 독서는 글쓰기와 연결된다고 생각하잖아요. 글을 잘 쓰려면 책을 많이 보라고들 하는데 어떻게 생각하세요?

CEO 대상 강의를 가서는 CEO들한테 간략히 자기 생각을 글로 써보라고 합니다. 근데 잘 못 써요. 제가 그러죠. "어떻게 생각을 이렇게 정리를 못 하냐. 한 회사를 이끌어 가면서."

사람들이 흔히 글쓰기라고 하면 논술문을 잘 쓰는 것만 생각하죠. 자기의 삶을 자기 나름대로 표현하는 글이 잘 쓰는 글인데 말이죠. 자신의 구체적인 삶을 진솔하게 써볼 수 있어야 해요. 그러려면 삶을 자세히 들여다봐야 합니다. 글을 쓰게 하면 일상을 자세히 들여다보게 되죠. 자세히 본 사람만이 글을 잘 씁니다. 자세히 보면 자기가 하는 일이 더 자세히 보이거든요. 그 과정에서 생각이 더 풍부해지죠. 글쓰기는 정신의 영토를 넓혀서 생각을 조직하도록 돕습니다. 생각을 조직해서 표현하는 거죠. 어느 날 갑자기 되는 일이 아닙니다. 모든 공부는 오랜 세월이 걸리는 건데 요샌 그걸 너무 빨리하려고들 하죠.

● 요즘에는 독서를 한 뒤 다양한 독후 활동을 하고, 이걸 성적에 반영합니다. 아이들이 이 과정에서 스트레스도 많이 받는데요. 여기에 대해선 어떻게 생각하세요?

독후감을 쓰게 하는 건 있을 수 없는 일이라고 생각해요. 독후감대회까지 열어 어떤 놈은 상을 타고, 어떤 놈은 못 타고……. 교육 관료들이 애들 마음이 뭔지는 모르고 책상 앞에 앉아서 스펙 쌓는 독서 아이디어만 내놓습니다. 정떨어져요. 독후감대회 심사를 가면 참가자 오백 명 모두가 똑같은 줄거리를 써서 냅니다. 아이들은 독후감을 쓴다고 하면 책을 안 읽습니다. 과제를 할 때도 인터넷 검색을 해서 베껴옵니다. 예를 들어볼까요. "우리 집은 엄격해서 딸들한테 아홉 시까지 들어와야 한다고 말합니다." 이렇게 말씀하시는 부모님들 계십니다. 그럼 그전에는 뭔 짓을 해도 된다는 건가요? 저는 딸이 서울에 간다고 하면 "가서 누굴 만나느냐? 어디서 머물 거냐?" 이렇게 안 물어봅니다. 제가 따라갈 수 없기 때문이죠. 제가 따라가지 않는 이상 어떻게 알겠습니까. 독후감도 마찬가지입니다. 읽었느냐, 안 읽었느냐 내가 어떻게 확인을 제대로 할 수 있겠어요? 논술문을 잘 쓰기 위해서 학원에 다녀봐야 의미가 없어요. 어른들 주장이 아니라 내 의견, 주장이 담겨 있어야 진짜죠.

● 책 목록을 정해서 강제로 읽으라고 하는 경우도 많습니다. 이건 어떻게 보시나요?

그것도 이해가 안 갑니다. 내가 누군가한테 책을 권하려면 그가 지적 수준은 어느 정도인지, 그를 둘러싼 문화·예술적 환경은 어떤 것인지를 이해해야 합니다. 느닷없이 어떤 책을 읽으라고 하는 건 그 사람이 어느 수준인지, 어떤 정서적 배경을 가졌는지를 모르고 하는 소리죠. 권장 도서는 의미가 없어요. 스스로 찾아서 읽는 게 중요하죠. 제 경우에도 스스로 찾아서 책을 읽기 시작했어요. 문학, 소설을 읽다 보니 소설 속에 나오는 문화사 등이 궁금한 겁니다. 그래서 문화사를 읽어봤죠. 그러다 보니 예술사가 궁금해지더군요. 그럼 또 그런 분야 책을 사서 봅니다. 그런 식이죠. 내가 읽은 책이 다음에 읽을 책을 소개해줬어요. 그게 자연스러운 거죠. 느닷없이 어떤 책을 읽으라고 목록을 줬는데 지적 수준이 따라오지 못하면 아이는 못 읽습니다. 책을 제대로 읽으려면 오랜 세월이 필요합니다. 그 세월이 축적돼야 하는데, 느닷없이 읽으라고만 하면 그게 이해가 되나요. 피와 살이 안 되죠.

● 선생님 인생에서 책은 어떤 의미인가요?

저는 책으로 세상을 산 사람이에요. 어디서 문학을 누가 얘기해준 적도 없고, 가르쳐준 사람도 없었죠. 책에서 문제를 발견했고, 책으로 문제를 풀었습니다. 그리고 세상을 만난 사람이죠. 책이 아니면 길이 없었던 겁니다. 책은 저한테 무척 중요한것, 인생의 전부입니다. 책을 안 읽으면 우리 사는 세계를 이해하기 어렵습니다. 살아왔던 세상과 살고 있는 세상을 이해 못하면 살아갈 세상을 창조하기 어렵잖아요. 독서란 살아온 세계를 보고, 지금 사는 세상을 들여다보고, 미래를 만들어가는 활동입니다.

● 그렇다면 우리 삶에서 독서는 왜 필요할까요?

요즘 한국 사회의 가장 큰 문제가 노인 문제라고들 하죠. 선생을 예로 들어볼까요. 교사들을 보면 교장 선생님이 시키는 일은 참 잘합니다. 하지만 자기 삶을 주체적으로 가꿀 줄은 모르죠. 시킨 일만 해결하면 된다고 생각합니다. 저는 누군가 일을 시켜도 시키는 일만 하진 않았습니다. 교사라는 직업을 내 삶으로 여기고 제가 하고 싶은 일들을 주체적으로 벌이고 해결했죠.

여러 이유가 있겠지만 책의 힘을 많이 받았기 때문일 겁니다.

기계처럼 시키는 일만 하면 내 삶이 없어지기 쉽습니다. 이십 년 동안 윗사람이 시키는 대로 하다가 교감이 되는 분들이 많죠. 그 자리에 올라서면 위에서 시키는 일을 완수하려고 누군가한테 또 뭔가를 지시합니다. 근데 그런 시간을 겪고 직장을 나와 보니 나한테 뭘 시키는 사람이 없어집니다. 어색하죠. 그러니까 지난 사십 년 세월이 아무 쓸 데가 없어지게 되는 일이 많습니다.

사십 년 선생을 했으면 나와서도 교육에 관심이 있어야 합니다. 정년퇴임을 하고 딱 끝나버리는 게 아니라고 생각해요. 저는 제 삶을 주도적으로 꾸려갔기 때문에 교사가 직업이 아닌 내 삶이 됐습니다. 그래서 학교를 나와도 바쁩니다. 교육 문제가 터지면 모든 신문사가 저한테 전화해요. 내 삶이 교육이기 때문이죠.

아이들도 생각을 바꿔야 해요. 엄마가 좋아하는 건 엄마보고 하라고 하고, 나는 내가 좋아하는 걸 해야 합니다. 예순 살 넘어서 성공하는 삶을 살려면 그렇게 해야 합니다. 그러려면 좋아하는 일을 찾아야 하는데, 좋아하는 일을 스스로 주체적인 독서 활동을 통해 찾을 줄 알아야 합니다. 그게 제가 하고 싶은 말이에요.

김용택 시인은 매일매일 무척 바쁜 하루를 보내고 있었다. 지난 2008년에 학교를 떠났지만 물리적으로 학교를 떠난 것뿐이었다. 지금 그는 세상을 학교 삼아 교사 생활을 계속하고 있다. 여전히 많은 사람이 그에게 질문을 던지고, 그는 아는 것들을 대답한다. 그가 학교를 떠난 뒤에도 이렇게 왕성하게 교사 생활을 할 수 있는 이유는 여전히 신문과 책을 보고 사람을 만나며 '세상 공부'를 하기 때문이다.

"엄마들 말이야. 책이 그렇게 좋다고들 강요하는데 그러면 자기들이나 읽으라고 하세요! 애들은 자기가 좋으면 언제라도 읽어요."

김 시인이 여러 번 방점을 찍고 얘기했던 말이다. 흔히 습관은 어린 시절부터 형성해둬야 한다고 생각한다. 하지만 김 시인을 만나면서 "나이가, 시기가 그렇게 중요한 건가?"라는 반문도 해보게 됐다. 스물한 살 때 처음 '책의 맛'에 빠져들었다는 그의 이야기를 들으면서 우리가 너무 일찍, 서둘러서 책을 펼쳐 들고 호들갑을 떠는 건 아닌지 의문이 들었다.

"아이들 스스로 즐거워하는
책 읽기를 위해"

경기도교육청 교육감 **김상곤**

책 읽는 문화가 우리나라 가정에서 제대로 꽃피우지 못한 이유가 뭘까? 《책으로 노는 집》을 준비하면서 반복해서 되뇌었던 질문이다. 선진국의 가정 독서 사례를 찾으면서 그 답을 얻을 수 있었다. 선진국에서 가정 독서 문화가 뿌리를 내린 데는 교육청, 지자체, 도서관 등 공공 기관의 힘이 컸다. 이들 나라에서는 교육청이나 지자체 차원에서 자발성을 끌어내는 흥미로운 독서 활동을 권장하고 있었다. 일방적으로 책 읽기를 강요하는 우리네 독서 정책과는 거리가 있었다.

그러던 중 경기도교육청에서 지난 2010년부터 실시해온 '함께하는 독서스쿨'에 관한 이야기를 접했다. 이 프로그램은 학생, 학부모, 교직원, 지역 사회가 모두 참여하는 북콘서트book concert 형식의 독서 문화 운동이다. 흔히 교육청 프로그램이라고 하면 학생과 교직원만을 그 대상으로 떠올리기 쉬운데, 학부모와 지역 사회까지 연계한다는 대목에서 흥미가 생겼다. 이런 프로그램을 주도한 교육청의 수장 김상곤 교육감의 이야기를 들어보고 싶어졌다.

김 교육감은 '진보 교육감'으로 혁신 학교, 학생인권조례 등 다양한 정책을 통해 기존의 학교 문화를 완전히 바꾼 것으로 평가받는다. 교육감이 되기 전, 교수로서 학생을 직접 가르치기도 했던 그에게 학교와 가정, 사회를 잇는 교육청의 독서 정책 이야기 등을 들어봤다.

● 시간을 내주셔서 감사합니다. 최근에 아동청소년인권법의 국회 입법 청원 등을 비롯한 바쁜 일정을 소화하고 계신 걸로 알고 있습니다. 최근 근황을 간단히 말씀해주세요.

제가 교육감 일을 하기 시작한 지 삼 년 사 개월 정도 됐습니다. 그동안 학교 현장을 중심으로 많은 정책을 시도해왔고, 그 연장선상에서 '교육 공동체가 어떻게 미래지향적인 발전을 해야 할 것인가'에 관련한 토론도 많이 진행했습니다. 특히 지금은 대선 국면이기 때문에 국민이 필요하다고 생각하는 교육 문제를 의제화하는 게 중요한 시점이라고 봅니다. 그런 의미로 아동청소년인권 법안과 국가교육위원회 설치 법안을 공개 청원하고 국회 발의한 상태입니다. 우리 교육의 중·장기적인 발전을 내다보고 전망을 수립하고 추진할 수 있는 여론을 반영한 것들입니다.

● 독서 정책 이야기를 해보겠습니다. 경기도교육청은 2010년부터 북콘서트 형식의 독서 문화 진흥 사업인 '독서스쿨'을 진행하고 있습니다. 구체적으로 어떻게 진행하는지 설명해주세요.

우선 '작가와의 대화' 자리를 마련해서, 작품에 대해 같이 토의하고 질의응답을 하도록 합니다. 학생들은 단순히 작가의 얘기를 듣기만 하는 게 아닙니다. 사람들 앞에 나서서 자신들이 창작한 것들을 소개하기도 합니다. UCC^{User Created Contents}나 춤 등 자신이 창작한 작품을 사람들 앞에 소개하는 시간도 주어집니다.

행사의 주인공은 학생만이 아닙니다. 학부모와 지역 주민도 함께 모십니다. 책을 매개로 해서 학생은 물론이고 학부모, 지역 주민 등 교육 공동체가 소통하고, 문화 체험도 할 기회를 마련하는 겁니다.

● 이 사업을 추진하게 된 계기는 무엇인가요?

아무래도 요즘 새로운 문화가 발달함에 따라 학생들이 책 읽는 시간을 줄이고 독서의 필요성도 간과할 가능성이 큽니다. 마침 우리 교육청에서는 창의성과 상상력을 길러주는 창의지성 교육을 강조하고 있는데요, 그런 점에서 독서의 생활화는 놓쳐선 안 되는 중요한 부분입니다. 책 읽기를 누군가의 강요 때문이 아니라 즐거운 마음으로, 자발적으로 해볼 수 있었으면 하는 생각이 들었습니다. 그래서 일종의 북콘서트 형식으로 만들어본 겁니다.

● 경기도교육청은 얼마 전 창의지성 교육의 측면에서 '더불어 나누는 철학' 교과서를 자체 개발했습니다. 사실 철학은 아이들이 논술을

준비하면서 잠깐 접하는 것 외에 거의 접할 기회가 없는, 어렵고 멀게만 느껴지는 교과목입니다. 철학 교과서를 교육청 차원에서 직접 만들게 된 배경은 무엇인가요?

우리나라 교육 문제 중 하나가 주입식, 암기 위주의 획일화된 교육 방식입니다. 학생이 가진 기본 자질은 뛰어난데 이런 교육 환경 속에서 창의성, 상상력이 제대로 살아나질 못하고 있습니다. 그런 점에서 우리는 학생 중심의 창의지성 교육을 하고, 그걸 통해 각자의 소양을 기르고 창의력을 갖출 수 있도록 노력하고 있습니다. 철학 교과서를 만든 것은 이런 노력의 일환입니다.

교과서는 열세 개 주제로 이뤄져 있습니다. '욕하면 왜 안 되나요?' '좀 튀면 안 되나요?' '왕따는 왜 안 되나요?' 등 학교생활과 밀접하고 학생들이 가장 많이 고민하는 주제들을 담고 있죠.

이렇게 일상의 고민을 주제로 담은 데는 이유가 있습니다. 우리나라 교육 환경에서는 철학을 이야기하는 것 자체가 참 부담스러운 분위기입니다. 사실 철학은 우리 사고의 출발이고, 생각하는 힘을 길러주며, 우리 삶 한가운데 있는 것인데도 말입니다. 그동안에 철학은 마치 지식인만이 이야기할 수 있는 것처럼 여겨져 왔는데, 그건 적절치 않다고 생각했습니다.

● 현실에 기반을 둔 철학 교과서라고 이해해도 좋을 것 같은데요. 사실 과거에는 철학이나 문학 등의 분야를 공부하거나 관련 책을 보는 이유가 있었습니다. 생각하는 힘을 기르고 싶어서, 삶이나 미래에 대한 고민을 풀고 싶어서 이런 책들을 자발적으로 펼쳐보고는 했죠. 하지만 요즘 학생들은 억지로 독서하는 일이 많습니다. 독서 권장 정책의 일환으로 독서이력제나 독서 논술 등 학교에서 억지로 시키는 독후 활동도 참 많습니다. 여기에 대해서는 어떻게 생각하시나요?

제가 어렸을 때나 사춘기 때를 돌이켜보면 뭔가 신 나게 하다가도 어른이 하라고 하면 하기 싫어졌죠.(웃음) 때론 학생들이 미처 깨닫지 못하는 것을 생각하게 하고 알게 해주는 것이 필요합니다. 이럴 때 학생들의 자발성과 자기주도성을 최대한 존중해주고 그것이 발휘되도록 도와주는 게 교육자가 해야 할 역할이 아닌가 싶습니다. 독후감을 쓰는 게 좋다고 권할 수도 있고, 때로는 어떤 친구가 더 잘 쓰나 살펴볼 수도 있겠죠. 그럼에도 불구하고 본인이 좋아하는 책을 스스로 세운 계획에 맞춰서 읽어나갈 수 있는 방향으로 이끌어 가는 분위기가 마련돼야 한다고 생각합니다.

● 책은 학습 차원에서도 필요하지만 인성 교육 차원에서도 반드시 필

요한 매체입니다. 특히 다른 사람과의 소통을 돕는 중요한 매개체가 될 수도 있는데요. 경기도교육청에서 실시하는 '사제동행 독서 동아리 지원' 정책은 학교 구성원의 소통에 주목한 독서 지원 정책이 아닐까 싶습니다. 이런 식으로 책을 매개로 한 소통 프로그램이나 아이디어가 있으신가요?

학교마다 여러 가지 형태로 독서 활동을 하도록 제안하고 있습니다. '사제동행 독서 동아리'는 단순히 책 읽기에 그치는 것이 아니라 교사와 학생이 책과 관련한 여러 가지 탐구 활동도 하고 체험도 하는 프로그램입니다. 학교에 따라서 학부모도 함께 참여하도록 하는 경우도 있습니다.

예전에는 학부모가 학교 활동에 참여하는 것을 버거워하거나 눈치를 보는 분위기가 있었습니다. 하지만 이런 프로그램을 통해서 학부모도 학교 공동체의 중요한 일원으로서 수평적인 관계를 유지하고 자기 역할을 하도록 독려하고 있습니다. 특히 학부모들이 가진 여러 재능을 활용해 교육 기부를 할 수 있는 환경을 만들려고 합니다. 책 읽기를 비롯해 창의력과 상상력을 키울 수 있는 프로그램에 학부모가 참여하고 재능 기부도 하면서 "요새 아이들은 이런 걸 배우는구나." 하는 걸 직접 볼 기회도 마련하려고 합니다.

● 책은 범사회적으로 유용한 매체로 손꼽힙니다. 평소 책을 얼마나 보고 계신가요?

교수로서 연구하고 학생을 가르쳐왔기 때문에 책을 많이 접하며 살았습니다. 지금도 가능하면 책과 가까이하려고 합니다.

교육 문제는 단순히 교육 분야에만 국한된 것이 아닙니다. 정치 상황이나 경제 조건도 교육에 영향을 미칩니다. 교육감으로서 교육 정책을 수립하고 그걸 추진하기 위해서는 교육에 영향을 미치는 환경 요인과 변화에 대해 꾸준히 관심을 기울여야 하죠. 특히 정치 분야에서 국민이 무엇을 바라고 미래에 우리가 무엇을 해야 하는가에 대해 정치 전문가 수준은 아니더라도 적어도 교육이 그 속에서 어떤 역할을 해야 하는지를 판단할 수 있어야 합니다. 그러려면 정치 지형의 전반적인 변화와 발전에 관련한 공부도 나름대로 해야 합니다. 이를 위해 다양한 분야의 책과 논문을 접하려고 합니다.

요즘 교육과 관련한 책이 많이 나옵니다. 교육감이기에 여기저기서 그런 책들을 많이 보내주십니다. 고마운 일이죠.(웃음) 교실이 어떻게 변화해야 하는지 읽고 배우라는 의미라고 생각합니다. 최근에는 수업 혁신이나 교실 혁신에 대한 생생한 체험기나 국외 사례와 관련된 책을 많이 읽고 있습니다.

● 일상에서 책의 도움을 받는다고 생각하는 순간도 있을 것 같습니다.

평소 교직원이나 학부모를 대상으로 특강을 하는 일이 많습니다. 단순히 경기도교육청에서 시행하는 정책을 설명하는 건 한계가 있습니다. 청중의 입장에서 그들이 관심을 두는 게 무엇일까를 생각하면서 내 나름대로 할 얘기를 구성해야 합니다. 그래서 스스로 책을 읽지 않으면 안 되죠.

텔레비전이나 스마트폰 등은 볼 수 있는 정보는 많지만, 내가 꼭 봐야 할 것을 찾는 게 쉽지 않습니다. 저는 주로 책을 읽으며 메모하고 이를 바탕으로 이야기하는 편입니다. 책은 언제나 함께 다닐 수밖에 없는 매체입니다.

● 예전과 비교하면 학생들이 책을 접할 통로가 많아졌습니다. 꼭 책을 사보지 않더라도 도서관이나 서점을 이용해 다양한 책을 읽을 수 있게 됐습니다. 교육감님의 어린 시절은 어떠셨는지 궁금합니다. 책을 많이 읽는 학생이셨나요?

제가 어릴 때는 책이 별로 없었습니다. 그나마 늘 접할 수 있는 건 교과서였습니다. 참고서도 종류가 많지 않았습니다. 생각해보면 어릴 때 호기심이 많았던 거 같습니다. 책이 있으면 무슨 책이든 보려고 했죠. 때론 형님들 책을 몰래 보다 혼나기도 했었죠. 소유한 책이 부족하다 보니 가능하면 접할 수 있는 책들은 모두 읽으려고 노력했습니다.

중학교 시절 근처에 고등학생을 대상으로 하는 큰 도서관이 있었는데, 우연히 선배를 따라갔다가 엄청난 양의 책을 보고 눈이 휘둥그레졌던 기억이 있습니다. '고등학생 형들은 좋겠구나.'라고 부러워만 하다가 나중에 청소한다는 핑계로 가서 슬쩍 보기도 했습니다. 여건상 체계적인 독서를 할 수는 없었지만, 책을 많이 읽고 싶다는 생각은 많이 하며 자랐습니다.

● 청소년한테는 책 읽는 습관이 중요하다고들 합니다. 단순히 지식 전달 차원이 아니라 인성 교육 측면에서도 그렇습니다. 흔히 청소년기에 책을 많이 봐야 한다고들 하는데, 과연 청소년에게 책이 왜 필요하고 왜 중요한 걸까요?

일차원적으로는 책을 통해 지식을 습득한다는 의미가 있을 겁니다. 그리고 상상력을 키워줄 수 있다는 점에서도 중요하다고 생각합니다. 단순히 정보를 얻을 수 있는 책도 있지만, 상상의 나래를 마음껏 펼치게 해주는 책들도 많죠. 우리는 책을 읽으며 여러 가지 감정을 느끼게 됩니다. 뭔가를 읽고 펑펑 눈물을 흘릴 수도 있고, 팔짝 뛰게 기쁜 마음이 일 수도 있습니다. 때론 시무룩해지기도 하죠. 책에 나온 주인공의 상황과 자신의 상황을 비교하면서 나를 비춰볼 수도 있습니다. 아이들

271

도 책을 읽으며 '나는 이럴 때 이런 생각을 했는데, 주인공은 그렇지 않구나······.'라고 성찰할 기회가 있을 겁니다. 책이 아이들의 감성을 키우고 성장해 나가는 데 도움이 될 것으로 생각합니다.

김 교육감은 일상적으로 학생을 만날 기회를 많이 열어둔다고 했다. 평소 학생들을 만날 때 어떤 질문을 하느냐는 말에 김 교육감은 "요즘 뭐가 가장 힘든지, 요새 재미있는 게 뭔지, 제일 빠져 지내는 게 뭔지 질문한다."라며 웃었다. 그러면서 "아이들이 무엇에 관심을 두고 있는지가 늘 알고 싶고 궁금하다."라고도 덧붙였다.

"열 살은 열 살 대로, 열다섯 살은 열다섯 살 대로 무엇에 관심을 두는지, 혹은 애니팡을 좋아하는지 궁금합니다.(웃음)"

그동안의 많은 교육 정책이 학생들의 자발성을 끌어내지 못하는 어른들 시선의 정책이라는 비판을 받아왔다. 독서 정책도 크게 다르지 않았다. 책 자체를 즐기게 하기보다는 독서의 결과를 놓고 성적을 매기거나 지나친 스펙 경쟁을 부추기는 통에 학생들은 그나마 좋아했던 책 읽기 활동마저 싫어졌다고 말한다.

김 교육감은 '아이들 스스로 즐거워하고, 자발적인 활동으로 의미가 있는 독서'를 강조했다. 그리고 독서 활동을 통해 학부모와 지역 사회가 소통할 수 있는 교육 공동체 환경 조성에 힘쓰는 중이다. 교육청이 비단 학생들의 학교 교육 문제만이 아니라 학부모, 지역 사회와의 소통까지 돕는 구심점이 돼야 한다는 뜻이 있기 때문이다. 그의 이런 생각들을 만나보면서 선진국의 가정 독서 사례나 책 읽는 사회 문화가 우리나라에서도 잘 뿌리내릴 수 있는 정책적 지원들이 나올 수 있지 않을까 하는 희망을 품어 봤다.

"책을 세 시간 봤으면
사람도 세 시간 만나야죠."

중동고 철학 교사 **안광복**

소년은 콤플렉스가 많았다. 성격은 소심했다. 말솜씨도 어눌했다. 남들 앞에 당당히 나서지 못했다. 운동도 못했다. 친구들 사이에서 늘 깍두기였다. 술래잡기를 하건 공기놀이를 하건 같이 놀기는 하지만 '없는 사람'으로 여겨졌다.

철학 전문 저술가이자 교단에서 학생들을 가르치는 안광복 중동고 철학 교사의 이야기다. 이 소년은 어린 시절 책과는 거리가 먼 가정 분위기에서 자랐다고 한다. 책과는 거리가 먼 환경이었기 때문에 역설적으로 책을 잡았을지 모른다고 말한다. 소년은 어린 시절 '독서 중독'이었을 정도로 책을 좋아했다.

안 교사가 가르치는 철학은 모든 학문의 총체라고들 한다. 철학자만큼 책과 가까운 사람도 없다. 거기다 안 교사는 '가정'과 가까운 곳에서 일한다. 흔히 교육 삼주체라고 말하는 학생, 학부모, 교사 가운데 한 사람이다.

독서가 인생에 대체 어떤 힘을 주기에 모두 독서를 말하는 걸까? 안 교사를 만나면 그 답을 얻을 수 있을 것 같았다. 안 교사는 "그 시절로 돌아가면, 책 좀 그만 읽어라."라고 자신한테 말할 것 같다고 했다.

● 반갑습니다. 현재 교사로 재직 중이신데요. 교직에 몸담게 된 계기를 간단히 말씀해주세요.

전적으로 우연이었습니다. 사실 우연이면서 필연인 측면이 있습니다. 대학에서 철학을 전공했는데 솔직히 말하면 공부를 더 하고 싶었습니다. 졸업하던 때가 IMF 직전이라 한참 '인문학의 위기'를 논할 시점이었습니다. 그런 배경에서 현실적으로 졸업해도 길이 없을 거라는 걱정이 하나 있었습니다. 한편으로는 전문학자들과 무의미한 대화를 나누기보다는 일상인과 이야기하면서 그 속에서 삶의 의미를 찾고 싶은 욕구도 있었습니다. 거기다 공허한 철학에 대해 싫증이 났던 측면도 있었고요. 현실적 필요와 개인적인 갈증이 맞물렸던 겁니다.

● 철학 교사가 흔치는 않은데요.

제가 중동고에 1996년도에 왔는데, 이 학교에는 그전부터 철학 과목이 있었다고 하더군요. 저도 독서, 논술 붐을 타고 혜택을 받은 행운아입니다. 철학 교사로 임용된 가장 큰 이유가 대입 논술을 지도하고 아이들한테 독서 스펙을 쌓아줄 인력이 있어야 한다는 취지였습니다. 한참 논술 붐이 일 때였거든요.

● 학교 교사 생활을 하면서 철학 전문 저자로도 활동하고 계십니다. 그동안 많은 책을 쓰셨는데요. 저술 활동을 하는 이유는 뭔가요?

많이 듣고 많이 읽으면 많이 쓰고 싶은 게 분명한 사실인 것 같습니다. 스물일곱, 스물여덟쯤 되어서 죽고 싶을 정도로 괴로웠습니다. 뭔가를 쓰고 싶다는 생각이 들어서였죠. 돈이 되어서, 출세하고 싶어서가 아니라 그냥 쓰지 않고, 말하지 않고는 살 수 없겠다는 생각이 들더군요. 저는 독서광으로 살아왔기 때문에 먹은 만큼 배설해야 했습니다. 근데 그럴 통로가 없었죠. 너무 절실했습니다. 무엇보다도 제가 읽은 지식이 내보내달라고 아우성치는 느낌이 들어서 저술 활동을 시작했습니다. 축구 많이 보면 축구를 하고 싶어지고, 영화를 자주 보면 영화를 찍고 싶어지는 것과 같은 이치가 아니었을까 싶습니다.

● 책이 좋은 이유가 있을까요?

일상에서 부딪히는 문제가 사실 모두 독서의 소재가 됩니다. 대학 때 혜택을 받았다는 생각이 든 건 도서관 덕분이었습니다. 제가 다닌 대학의 도서관이 무척 컸습니다. 개가식이었고요. 무슨 문제만 생기면 도서관에 가서 책을 찾아봤던 기억이 있습니다. 성격상 인간관계도 넓지 않았기 때문에 어떤 사람과 갈등이 있거나 고민이 있다고 하면 그걸 풀기 위해서 책을 봤습니다. 지금도 학교에서 학생들이 속을 썩이면 해당 분야의 책을 보고 길을 찾습니다.

독서의 좋은 점은 문제를 한 발짝 떨어져서 본다는 느낌을 준다는 겁니다. 유리벽 하나가 놓여 있고, 그 벽 뒤에 있는 다른 방에서 사태를 보는 것처럼 객관적으로 생각할 수 있습니다. 문제를 조금 거리를 두고 바라볼 수 있죠. 그게 또 하나의 모멘텀(동기)이 되어서 다른 책을 찾아 나설 수도 있고요.

● 보통 책 좋아하는 아이들을 보면 부모님의 영향을 많이 받던데 어린 시절 가정 분위기는 어땠나요? 부모님도 책을 많이 읽으셨나요?

전혀 안 보셨어요. 아버지가 사업을 하셨거든요. 책 읽는 습관을 알려준 사람은 전혀 없었습니다. 제가 초등학교에 다니던 1970년대에는 책을 보는 분위기가 형성되지 않았었습니다. 초등학교 때 도서관에 책이 오백 권 정도 있었는데 그것도 전부 반공 도서였죠. 그거라도 봤습니다. 역설적으로 부족한 게 오히려 절실함을 일깨웠던 것 같아요. 어린이 책, 청소년 책도 거의 없었습니다. 그러다 보니 자꾸만 더 찾게 됐죠.

저는 사업하는 가정에서 자랐기 때문에 돈에 얽힌 무서운 경험을 참 많이 했습니다. 돈에 대한 욕망이 있으면서도 이걸 정화하지 않으면 내 인생이 파멸할 거라는 두려움이 있었던 것 같습니다. 주류적인 삶이 두려웠죠. 그래서 책을 많이 읽고, 철학을 택한 것도 같습니다.

● 그렇다면 영향을 준 사람이 아무도 없었나요?

책 속에서 책 멘토가 자꾸 튀어나오는 거 있죠. 링컨 자서전을 보면 링컨이 어릴 때 책을 무지하게 봤다는 이야기가 나옵니다. 나폴레옹도 책을 무척 많이 봤고요. 근데 내 주변엔 책이 없었습니다.

책을 보게 된 계기는 현실의 누구 때문이 아니었습니다. 책 속 인물들이 책을 봤기 때문이었죠. 그 삶이 멋져 보였습니다. 현실같이 고루한 부분이 책 속엔 없잖아요. 모든 게 아름답고 위대해 보이죠. 그 사람들을 닮고 싶어서 책을 본 것 같습니다. 제 어린 시절 아이돌스타는 링컨, 나폴레옹 같은 사람들이었습니다.

● 학생들을 일상적으로 만나고 계시는 입장이잖아요. 요즘 학생들의 가장 큰 고민이 무엇인가요?

일단 학교가 1960년대로 회귀했다고 보면 될 것 같습니다. 아이들한테도 살아남아야 한다는 게 가장 큰 과제가 됐죠. 개별적인 상처가 있다기보다는 전반적으로 삶의 수준이 올라간 상태에서 추락에 대한 공포가 누구한테나 있는 것 같습니다. 부모님 세대에선 이 정도 먹고살 수 있게 이뤄놨는데 나는 그 정도까지 올라갈 수 있을까 불안한 거죠. 해방 전후 사회도 아닌

데……. 역설적으로 대한민국은 풍요로워졌지만 아이들은 빈곤한 미래를 대비하게 된 겁니다. 독서를 하더라도 영혼을 키우는 독서가 아니라 생존 독서, 스펙 독서를 대비하는 시대가 됐습니다. 뭘 해도 재미가 없고, 의미도 없는데 살아남아야 한다는 절실함만 있는 안타까운 세대죠.

● 그런 배경에서 독서 역시 생존을 위한 행위가 되고 있지 않나요?

그런 측면이 있죠. 억지로 독후 활동을 시켜서 기록으로 남기는 문화도 그런 것 가운데 하나고요. 제가 고등학교에 다니던 1980대에도 책을 억지로 읽히는 문화가 있었습니다. 어린 나이에 독서에 대한 혐오감을 느끼게 할 정도로 뭘 읽어야 한다고들 강요했죠. 그냥 놔뒀으면 좋았을 텐데요. 사실 강요하는 독서가 재밌을 리 없잖아요. 독서에 대한 흥미를 일깨울 방안 쪽으로 접근해야 하는데 어떻게 보면 지나친 대증요법이 아닐까 하는 생각이 듭니다. 상처, 필요 자체에만 집중한다는 말입니다. 책을 많이 읽으면 삶에 도움이 되는 건 분명합니다. 하지만 책을 억지로 많이 읽혔을 경우에는 조선 시대 과거제의 폐해 현상을 불러올 수 있죠. 사서삼경에 담긴 성현의 말씀을 배우라고 했지만 사람들은 생존을 위한 전략만 읽는 겁니다. 지금도 그때 문화하고 달라진 게 없는 것 같아요. 살아남기 위해 독서라는 장식을 많이 달고 있어야 하잖아요. 독서가 내면화된 게 아니라 자기를 꾸미는 장식물로 남은 측면이 있는 것 같습니다.

● 그렇다면 독서 교육은 어떤 시각으로 바라봐야 할까요?

저는 독서, 인문 교육 등에서 일관되게 '축구장론'을 강조합니다. 예를 들어, 우리 학교에 축구장이 정말 넓고 좋습니다. 그랬더니 아이들이 등교할 때 축구공을 엄청 갖고 와요. 축구를 하라고 안 해도 기를 써서 축구를 하려고 합니다. 책도 마찬가지입니다. 책 읽는 환경이 좋으면 하지 말라고 해도 책을 볼 겁니다.

현장의 도서관 인프라는 아직도 열악합니다. 책이 낡고, 다양한 책도 없죠. 그러니 당연히 책을 안 읽죠. 책을 읽고 싶게 하려면 좋은 축구장처럼 좋은 도서관이 있으면 됩니다.

또 하나는 책 읽는 삶의 모습을 보여주는 겁니다. 연예인을 보면 연예인이 되고 싶듯이 작가나 책 읽는 사람의 삶을 보여주면 나도 모르게 책을 보고 싶어집니다. 수업 때도 책을 읽히는 활동을 많이 하지 않습니다. 작가로서의 제 모습을 보여주려고 하죠. 일상적으로 책 읽는 모습을 보여주는 겁니다. 고3 담임이라 저도 열 시까지 야간 자율 학습에 참여하는데, 그때마다 책을 읽거나 글을 씁니다. 책을 읽는 삶이 멀리 있지 않다는 걸 보여주는 겁니다.

● 이건 가정에도 대입이 되는 얘기 같네요.

학부모 상담을 하다 보면 가정 분위기가 어떤지 알 수 있습니다. "어머님, 텔레비전은 있나요?" "드라마 뭐 좋아하세요?" 이렇게 물으면 드라마를 줄줄 외는 엄마가 계십니다. 그런 엄마를 둔 자녀치고 공부 잘하는 아이 없습니다. 거실에서 텔레비전 소리가 들리는데 책이 보이겠어요.

자녀를 서울대에 보낸 엄마들한테는 특징이 있습니다. 아이가 새벽 세 시 삼십 분까지 공부하면 엄마도 밖에서 책을 보고 있다는 겁니다. '한석봉 엄마의 떡 썰기'가 옛날이야기가 아닙니다. 현대에도 통하는 당연한 비유죠.

● 자녀분들도 책을 좋아하시죠? 가족 안에 독서 문화가 있나요?

초등학생 둘이 있습니다. 집에는 책밖에 없어요. 세보지 않아서 모르겠는데 웬만한 학교 도서관 수준이죠. 책을 보라는 얘기는 한 번도 한 적 없습니다. 아빠의 여가가 책이니까 아이들도 책을 봐야지 어쩌겠어요. 아내가 꾸준히 요구하는 게 "당신만 보지 말고 아이들도 같이 보고 얘기하자."라는 겁니다. 불가능한 게 애들도 그렇고, 저도 그렇고 토론하려고 해도 읽는 속도가 너무 빠릅니다. 어떤 책을 읽고 '토론해 보자'라고 할 때 이미 다른 책으로 흥미가 넘어가 있죠. 일상인 단계에서 독서 토론은 의무가 아닌 다음에야 실천하기가 굉장히 어려워요. 초등학생의 경우에는 더 그렇죠. 워낙 글을 더 빨리 읽거든요.

● 요즘 아이들이 학습만화를 참 좋아하죠. 그래서 부모들은 그냥 둬도 괜찮을지 걱정도 많이 합니다. 어떻게 보세요?

제 아이들도 학습만화를 자주 봅니다. 저는 학습만화가 지식의 그물코를 꿰는 과정에 있다고 생각합니다. 전혀 모르는 상태에서는 안 들립니다. 뭐라도 한 번 본 건 '어디서 봤던 내용인데?' 하고 걸리죠. 지식의 그물코를 만드는 걸로는 학습만화가 유용합니다. 다만 요새 시각 쪽 문화가 발달했기 때문에 너무 그쪽만 접하면 오히려 텍스트를 못 접하기도 하죠. 그런 점에서 독서 지도가 필요한데, 학습만화를 전체 독서의 삼십 퍼센트 이내로 제한하도록 합니다. 아니면 인센티브를 주는 방법도 있죠. 글로 된 거 몇 권 읽으면 만화 몇 권 보도록 말입니다.

● 가정 독서 문화를 일군 가정을 보면 어른이 봐야 할 책, 아이가 봐야 할 책 구분도 잘 안 하더군요. 이 점은 어떻게 생각하세요?

니체가 말했죠. 모든 이해는 오해라고요. 아무리 정교하고 깔끔하게 글을 써도 애들은 다 오해하면서 받아들입니다. 오해를 두려워하면 안 됩니다. 아이가 학습만화 한 권으로 독서 경험이 끝나는 게 아니고, 살면서 계속해서 비슷한 내용을 수십 번씩 거듭합니다. 설사 오류가 있더라도 지식의 그물코를 꿰는 게 중요합니다. 나이가 먹어서 '뭐 이따위 책이 있었지?' 하고 비웃는 맛이 있어야 합니다.

《소돔의 120일》이라는 책 있죠. 참 혐오스럽고 더러운 책이라고들 해요. 근데 이런 책 일부를 아이들한테 보여줄 때가 있습니다. 포르노나 야동에 중독된 아이들은 역설적으로 너무 심한 걸 보면 반대로 돌아오는 경우가 있습니다. 자극을 주는 거죠.

● 보통 독서는 글쓰기와 연결된다고 합니다. 정말 책을 많이 읽으면 글을 잘 쓰게 될까요?

저는 아이들한테 글을 못 쓰게 합니다. 옛말 틀린 게 없다고 무술을 배울 때 나무하기, 빨래하기, 밥 짓기 각각 삼 년을 하죠. 똑같습니다. 어설프게 글을 쓰게 하면 입만 까집니다. 책을 많이 봤다고 다 되는 건 아니죠. 그냥 쓰면 글에 무게가 하나도 없습니다. 본인 스스로 절심함이 묻어나지 않으면, 이 얘기를 하지 않으면 미치겠다는 생각이 안 들면 상대에게 감동을 주기도 어렵습니다. 아이들을 지도할 때도 생각이 재워져서 눈빛에 절실함이 느껴지지 않으면 원고를 그 앞에서 던져버려요. "이걸 글이라고 썼니. 병신아?" 이렇게 말하고 돌려보냅니다.

고수는 오래 설명할 필요가 없습니다. 김성근 감독이 야구를 지도할 때 A부터 Z까지 다 안 보여줍니다. 진짜 될 만한 애면 A부터 Y까진 이미 다 돼 있습니다. 그 내공 아래서 Z를 오 분 동안 말해주면 그걸로 이해합니다.

실력을 준비시키는 것도 중요하지만 독서에 대한 욕구, 글을 쓰는 욕구도 길러줘야 합니다. 절실해야 절실해지는 거죠. 너무 환경만 구축해주는 것보다는 절실해질 때까지 기다리는 것도 방법입니다. 멋있는 도서관을 만들어두고 못 들어가게 하는 거죠. "너 따위가 감히 지성의 세계에 들어오려고 하느냐? 꺼져라!" 뭐 그런 의미죠. 물론 하위 팔십 퍼센트한테는 무조건 칭찬이 답입니다. "네가 3학년 들어서 사십 쪽이나 읽었다니 대단하구나!" 이렇게 칭찬해주는 거죠.

● 전략적으로 고전과 인문학 책을 읽는 문화도 나오고 있습니다. 어떻게 생각하세요?

고전을 많이 보는 이가 성공하는 건 분명합니다. 그렇지만 어릴 때부터 《윈스턴 처칠》, 《오딧세이아》, 《일리아드》를 보는

건 아닙니다. 예를 들어, 삶 속에서 누군가를 만나 사랑하다
가 개같이 차였습니다. 가슴이 절절하게 타죠. 이럴 때 셰익스
피어의 시구를 봅니다. 자신의 절절한 욕구가 담긴 고전 읽기
가 사람의 영혼을 키우죠. 지금 사람들은 욕구도 없는데 고전
을 봅니다. 그래서 고문이죠, 셰익스피어도 맨 정신에 보면 지
루하기 짝이 없거든요. 그 점을 놓치고 있는 건 아닌가 싶습니
다. 상처가 없는 사람은 고전도 못 읽습니다. 콤플렉스가 인문
공부의 출발점이거든요. 얘기하다 보니 저도 그런 거 같네요.
주변에 지적인 분위기를 주는 사람이 하나도 없었기 때문에 그
콤플렉스가 저를 작가로 키운 에너지였던 거 같아요. 고전을
제대로 읽고 싶으면 이 시대 콤플렉스가 뭔지를 제대로 만나면
됩니다.

● 십 대로 돌아가도 다시 '독서 중독'에 빠져 지낼 것 같으세요? 사십
대가 되어서 바라보는 책의 의미는 또 다를 것 같은데요.
사십 대가 되어서 십 대 때 나를 돌아보면 가서 "너 책 그만 보
고 교실 가서 공부해." 이렇게 말하고 싶습니다. 제가 십 대 때
책을 보며 느낀 욕구가 전혀 정상적이지 않은 걸 느끼거든요.
십 대 때 제 꿈을 꾼 게 아니라 책 속 영웅들이 추구한 이상적인
삶을 꿈꿨던 거 같습니다. 삶의 기준점이 너무 높았죠. 그래서

이십 대 때 불행했던 겁니다. 아무리 노력해도 스탕달이나 다빈치가 될 순 없잖아요.

반면 지방이나 빈곤층 학교에 다니는 아이들한테는 다른 충고가 필요합니다. 그 친구들은 사람에 대한 두려움이 많습니다. 친구를, 친척을 잃을까 봐 두려워하죠. 유일한 안전망이 사람이니까요. 여기서 헤어 나오려면 욕구를 느껴야 합니다. 중상층이 되고자 하는 욕구가 있어야 중산층이 되죠.《젊은 베르테르의 슬픔》에 나오는 사랑을 보면서 사랑에 대한 욕구를 채워야 하죠. 루소도 고아로 어려운 환경에서 자랐지만, 책 속에서 자신의 상층지향적인 욕구를 발견했습니다.

사십 대에 들어와서 보니까 독서도 구체적인 삶과 조화를 이뤄야 한다는 게 보이더군요. 책 읽는 시간이 세 시간이면 사람들과 만나서 활기차게 얘기하고 어울리는 시간도 세 시간을 들여야 합니다. 책만으로는 절대 훌륭한 사람이 될 수 없습니다. 책과 사람이 함께 있어야 사람다운 삶, 훌륭한 삶을 살 수 있는 것 같아요.

● 특정 환경을 떠나서 청소년기에는 책이 중요하고 반드시 필요하다고들 말합니다. 이 시기에 책이 중요한 이유는 뭘까요?

기본적으로 독서는 운동과 똑같습니다. 운동을 통해 근육을 기르듯이 독서를 통해서 정신의 근육을 길러야 하죠. 추리하고 생각하고 말하고 표현하는 힘을 기르는 겁니다. 모든 건 독서에 녹아들어 있습니다. 언어로 사회생활이 이뤄지기 때문에 독서하지 않고 입말만으로 사회를 배운다는 건 태권도를 배우면서 기본 품새도 안 익힌 채로 막싸움을 하는 것과 똑같습니다.

● 그렇다면 책을 어떻게 보는 게 좋을까요?

우리 사회에는 책벌레에 대한 이중적인 생각이 있어요. '고루하고 현실과 동떨어진 재활용 불가능한 쓰레기다'라는 생각을 많이 합니다. 또 하나는 책을 보는 게 굉장히 고상한 취미라고 여기는 겁니다. 회사 안에서도 양가성이 있습니다. 신입 사원한테 책 보라고 하면서도 한편으로는 "이론과 현실은 달라!"라고 충고하죠. 두 개의 세계가 조화로워야 한다고 봅니다. 책만 봐선 안 돼요. 책과 사람과 경험이 조화를 이루어야 진정한 독서가 되고, 독서가 삶이 됩니다.

"대가의 독서 이야기요? 대가가 아니라 대식가라고 하는 게 나을지도……."

인터뷰의 콘셉트를 설명하면서 '대가'라는 표현을 쓰자 안 교사는 멋쩍은 듯 이렇게 답했다. 교사인 데다가 철학 교사라는 이미지 때문에 자칫 딱딱한 대화가 오갈지도 모르겠다는 생각을 했지만, 안 교사와의 인터뷰는 시종일관 화기애애했다. 자기 생각을 말할 때 안 교사는 자신이 읽은 다양한 책에서 사례를 가져와 생각의 근거로 삼았다. 흥미진진했다. 사십 대가 된 안 교사는 말을 참 재치 있게 하는 멋쟁이 철학 선생님이었다.

"왜 제 인생에는 이런 선생님이 없었죠?"라고 말하니 그는 "아마 있었을 겁니다."라며 웃었다. 하지만 그와 인사를 나눈 뒤로도 그런 선생님은 쉽게 떠오르지 않는다. 야간 자율 학습을 하면서 아이들 앞에서 책을 읽고 글을 쓰는 그의 모습을 보는 학생들이 참 부럽다.

엄마의 책, 그리고 '사람'이라는 책

어릴 시절 집에는 엄마가 사주신《어린이 만화 위인전》전집이 있었다. 밥을 먹으면서도, 바깥에서 놀다 들어와 잠깐 쉬면서도 오빠랑 나는 그 책을 너덜너덜해질 때까지 읽고 또 읽었다. 당연히 책은 김칫국물이며 흙 묻은 손자국, 볼펜 낙서 등으로 지저분해져 깨끗한 책이 없었다. 하지만 엄마는 무조건 책을 깨끗이 읽으라는 둥, 밥먹을 때는 치우라는 둥 하는 잔소리를 한 번도 안 하셨다. 그래서 오히려 책을 더 편하게, 마음껏 읽을 수 있었던 것 같다.

그 당시 책 속에는 내가 알지 못하는 또 다른 세계가 있어서 좋았다. 책을 통해 새로운 사람을 만나고, 몰랐던 사실을 알게 되는 것이 마냥 신기했다. 그렇게 자연스레 책이랑 친해졌는데, 학교에 들어가 보기 싫은 책까지 억지로 읽어야 하면서 어느 순간 책과 점점 멀어졌다. 그 이후로는 읽고 싶어서 책을 읽을 때보다 필요에 따라 책을 읽은 적이 더 많았던 것 같다.

그래도 다행인 것은 엄마의 영향으로 다양한 책을 접할 수 있었다는 점이다. 고등학교 1학년 때, 시인이었던 담임 선생님이 가정방문을 오셨다. 선생님은 엄마랑 이런저런 대화를 하시다 좋아하는 시와 시인에 관한 얘기를 나누셨다. 그리고 엄마에게 감수성이 풍부하고 여고생 같다며 '문학소녀'라는 별명을 지어주셨다. 그 뒤로도 선생님은 본인의 시집을 비롯한 책을 가끔 보내주시며 연락을 주고받으셨다.

엄마의 책장에는 다양한 분야의 책이 꽂혀 있었다. 시집, 소설, 수필, 자기계발서 등. 지금 생각해보면 엄마가 시기별로 푹 빠졌던 작가가 있었던 것 같다. 나는 호기심 반, 재미 반으로 엄마의 책을 한두 권 꺼내 읽으며 새로운 작가도 몇몇 알게 됐다. 지금에 와서 그 책을 다시 읽으면 감회가 남다르다. '그 시절 엄마도 지금 나처럼 세상을 바라보고 사랑했을까?'라는 생각이 든다. 가끔 엄마가 힘들 때 꺼내 들었을 책, 엄마에게 세상을 바라보는 따뜻한 시선을 만들어줬을 책이 이건가 하며 책을 읽게 된다.

독서 문화에 대한 책을 쓰다 보니 나의 독서 문화는 어땠는지 추억을 더듬게 됐다. 엄마의 영향을 많이 받아 나 역시 커가면서 책을 통해 세상을 이해할 때가 많았다. 다이어리에 감명 깊게 읽은 책 목록을 적고, 멋있는 말은 써먹겠다고 따로 정리하기도 했다.

지금은 취재와 관련해서 책을 읽을 때가 많은데 급하게, 그나마도 끝까지 다 읽지 못하는 경우가 많다. 음식으로 치자면 천천히 꼭꼭 씹어 음미하기보다는 대충 씹어 삼키는 식이다. 핑계겠지만 신문은 꼼꼼히 보면서도 여유롭게 책을 읽는 시간은 많지 않다.

대신, 지금은 직업상 책 대신 사람을 많이 만난다. 기자가 기사를 쓸 때 취재는 필수인데, 취재는 곧 사람을 만나 인터뷰하는 것이기 때문이다. 책에 나온 인물을 인터뷰하기도 하고 직접 책을 쓴 저자를 인터뷰하는 일도 있다. 책으로 만나는 것은 간접경험이지만, 사람을 만나는 것은 직접경험이다. 취재원을 통해 내가 몰랐던, 겪지 못한 일들에 대한 생생한 이야기를 들으며 많은 것을 느끼고 배우게 된다.

현재 나는 책보다 사람을 통해 얻는 배움이 더 크다. 이번 책을 쓰면서도 다양한 가정을 만나 그들의 책과 관련된 추억, 에피소드 등을 들을 수 있었다. 사실 책을 낸다는 사실보다 그들을 만나 이야기를 나누는 과정이 훨씬 더 흥미롭고 뜻깊은 일이었다. 특히 인터뷰가 끝난 뒤 몇몇 분이 "이야기를 쭉 하다 보니 덕분에 내 인생이 정리되는 느낌이다." "이 시간 이후로 (유쾌하지 않았던) 과거를 떨치고 홀가분하게 앞으로 나아갈 수 있을 것 같다."라는 말을 했던 게 인상적이었다. 나에게는 만나는 사람 한 명, 한 명이 다 '책'이다.

또 이 가정들 덕분에 책을 이렇게 재미나게 읽을 수도 있다는 걸 알게 됐다. 독서가 단순히 독서로 그치는 게 아니라 공연 관람, 박물관 답사, 대화나 토론 등으로 이어져 삶의 재미를 더해주는 것이다. 이번 기회를 통해 나도 책과 좀 더 긴밀해지고, 앞으로 독서를 더욱 즐기면서 할 수 있을 것 같다.

책에는 책을 쓴 이의 인생 혹은 생각이 드러나기 마련이다. 《책으로 노는 집》은 취재기 형식이다 보니 나 자신보다는 아홉 가정의 인생과 그들의 생각이 담겨 있다. 처음으로 쓰는 책이라 서툰 점도 많고 일과 병행하다 보니 가끔 지치기도 했지만, 한 권의 멋진 책으로 묶여 나온 걸 보니 뿌듯하고 행복하다. 이 책은 나는 물론 함께 쓴 김청연 기자, 아홉 가정 모두에게 인생의 소중한 추억이 될 것이다.

나는 오늘도 '사람'이라는 책을 만나러 여기저기 뛰어다니는 중이다.

《책으로 노는 집》을 마치며
최 화 진

이 도서의 국립중앙도서관 출판시도서목록(CIP)은 e-CIP홈페이지(http://www.nl.go.kr/ecip)와
국가자료공동목록시스템(http://www.nl.go.kr/kolisnet)에서 이용하실 수 있습니다.(CIP제어번호 : CIP2012004772)

책으로 노는 집

책으로 대화하고 소통하는 독서 가족 탐방기

초판 1쇄 발행 2012년 11월 1일
초판 5쇄 발행 2014년 6월 9일

지은이 김청연, 최화진
펴낸이 윤미정

책임편집 김계영
홍보 마케팅 하현주
제작 (주)이펙피앤피

펴낸곳 푸른지식 출판등록 제2011-000056호 2010년 3월 10일
주소 서울특별시 마포구 연희로 21 동광빌딩 4층
전화 02)312-2656 팩스 02)312-2654
이메일 dreams@greenknowledge.co.kr
블로그 http://greenknow.blog.me

글 · 사진 ⓒ 김청연, 최화진 2012

ISBN 978-89-98282-00-4 03370